KAN
LISHI

大区域视野下的
人文观察

庞惊涛　著

四川人民出版社

图书在版编目（CIP）数据

看历史：大区域视野下的人文观察／庞惊涛著. —
成都：四川人民出版社，2021.5
ISBN 978-7-220-11041-2

Ⅰ. ①看… Ⅱ. ①庞… Ⅲ. ①中国历史-文集 Ⅳ.
①K207-53

中国版本图书馆 CIP 数据核字（2021）第 070963 号

KAN LI SHI DA QU YU SHI YE XIA DE REN WEN GUAN CHA

看历史：大区域视野下的人文观察

庞惊涛 著

出 品 人	黄立新
责任编辑	石 云
封面设计	李其飞
内文设计	戴雨虹
责任校对	舒晓利
责任印制	许 茜
出版发行	四川人民出版社（成都槐树街 2 号）
网 址	http://www.scpph.com
E-mail	scrmcbs@sina.com
新浪微博	@四川人民出版社
微信公众号	四川人民出版社
发行部业务电话	（028）86259624 86259453
防盗版举报电话	（028）86259624
照 排	四川胜翔数码印务设计有限公司
印 刷	成都东江印务有限公司
成品尺寸	148mm×210mm
印 张	10.625
字 数	210 千
版 次	2021 年 5 月第 1 版
印 次	2021 年 5 月第 1 次印刷
书 号	ISBN 978-7-220-11041-2
定 价	76.00 元

庞惊涛，自署云楼阁主，别号守榆居士。四川省作协散文委员会委员、成都市作协散文委员会主任，"钱锺书学"研究者，成都文学院签约作家，蜀山书院山长，书评人。著有《啃钱齿余录——关于钱学的五十八篇读书笔记》《钱锺书与天府学人》《青山流水读书声》等作品。

自序
在大区域与小历史之间

2017—2019 年，我有幸以"救火队员"身份，临时参与被誉为"中国最美期刊"的历史人文杂志《看历史》的编辑组稿工作。

《看历史》的前两任主编，一是唐建光，二是苑海辰，他们对这个杂志的成长贡献至伟，已伴随它十多年的办刊历程而被读者深深记住。作为后来者，我自认是难以超越他们二位的。更何况，我们又处在一个办刊境遇每况愈下的历史时期。尽管我已经预感到它不久之后就将遗憾地退出"历史"舞台的命运，但是我还是试图通过在选题策划、组稿质量上的努力，尽力减缓它"退出"的速度。

也就是在这两三年的时间里，我把阅读和写作的重心，从对钱锺书生平及学术思想的研究，转移到对历史的学习与研究上来。《看历史》以"古今见识，天下情怀"为办刊宗旨，选题几乎囊括古今中外的历史。但我的学习研究，显然不能面面俱到，我只能在中国漫长而驳杂的历史里，截取其中一段来学习，中古与近古历史中的非典型事件和人物，成为我这次系统研究与学习的重点，我视之为小历史学习和研究。

北京大学历史学系教授、博士生导师赵世瑜先生在他的区域社会史研究中，曾对"小历史"如此定义："这里所谓的'小历史'，就是那些'局部的'历史，比如个人性的、地方性的历史；也是那些'常态的'历史，日常的、生活经历的历史，喜怒哀乐的历史，社会惯例的历史。"我的"小历史"观，某种程度上，就是一次偶然地、巧合地向赵世瑜区域社会史观的一次系统致敬。

在这本历史随笔集里，我以成都为中心，将"小历史"学习的触角，延伸到更为广阔的大区域之中，去关注那些非典型事件中的历史人物幽微敏感的情感与心理世界。在大区域和小历史之间，我始终坚信，只有人的情感是最动人的，那些隐伏在历史真伪背后的人物，他们个体生命的经历和命运终局，从现实的角度回视，仍然有打动人心的价值和力量。

而按照史家顾颉刚先生"层累地造成的中国古史"观，即便是小历史，也存在一定的命运回环，即历史现象和生成逻辑的循环对应，有时候甚至体现为历史人物经历和大事件的惊人重演。那些"似曾相识"的费解，用"层累地造成的中国古史"观来解释，就迎刃而解了。这，或许是我对小历史学习与研究的一点体会吧。

新时期的散文何为？而新时期的散文写作何能？这是我在这将近三年的学习与研究中思考得最多的第二个问题。历史随笔作为散文阵营里最富生命力与穿透力的新锐势力，正在成为当下许多散文写作者纷纷投注的写作领域。但历史事件和历史人物在文学中究竟如何摆位？历史是文学的下脚料还是主材？这两个问题如果没有思考好，历史随笔就很容易堕入历史叙述的"翻旧账"泥沼。在我看来，历史随笔必须处理好个人情感与当代精神，而在场感也是不可或缺的。

何平先生在《散文说》中强调的技术和观念之外的"文学性"问题，如"文学远远有比观念和技术更重要的更值得我们为之付出的东西"，也是历史随笔写作必须面对的。为此，在这个历史随笔集里，既有我对大区域"小历史"的观照，也有我对自己的乡村历史中"暴力与死亡的关切"。如《最后的古井》这篇随笔，某种程度上，更像是一个个人记忆文本，它和历史的关系，是个人概念上的，而和上述"大历史"无关，但它对"暴力与死亡的关切"，正是历史随笔文学性的重要体现。

这本历史随笔集中的作品，除了大多数在《看历史》杂志以卷首语或主题策划配稿方式首刊之外，少部分刊发在

《书屋》《四川日报》《华西都市报》《四川政协报》等报刊上。这次结集呈现出来，正好是我对历史随笔写作何为以及何能的一点思考。

应该说，这些文章，大多数是打上了个人记忆的。但由于个人记忆在历史叙述中的重要性，未来的历史随笔写作，仍然将无限依赖于此。因为，我深信何平先生的话："它可以安静地、微弱地一个字一个字地若砖若瓦若木地建筑起自己的心灵的宫殿。"

权以为序。

2020 年 8 月 30 日，锦城西云栖阁

目录

第二编　现实对视

第
一
编

历史回环

庚子纪事

一

世乱多妖。

一百多年后，对义和团运动的再认识，尽管存在阶层之间的差异，但其作妖本质引发的社会动荡，给中国造成的影响是不容否认的。

在这场史称为"庚子拳乱"的社会大动荡之中，清政府剿与抚的态度游离，让它自己成为这场动荡的受害者之一——当然，一定程度上可以认定为是其自作孽所致。然而，比起"拳乱"波及的亿万中国民众来，一个理当承担责任的政府这点受害简直不值一提。从1900年庚子年到次年的辛丑年乃至"庚子赔款"持续履行的几十年间，中国人用几乎是三代人的生存代价，背负起了这个沉重的历史负担。

这简直像一场持续经年的余震，它使"庚子年"从一个普通过渡的年份，变成了一道心理魔咒，从此深深刻在中国人的记忆里。

如果一定要说"庚子"这个年份带来的一点好印象，大约是后来有相当一部分精英享受到了"庚款奖学金"而有了走出国门接受西方教育的机会。但"奖学金"前面的"庚款"定语，仍然不失为一种耻辱和警示。

因为深重，所以深刻；因为深刻，所以深思！

可能从那一年开始，越来越多的中国人开始回忆和思考：上一个、更上一个庚子年是怎样的？这些60年一轮回的庚子年里究竟隐藏着怎样的历史谜题和天机？下一个庚子年，又将呈现怎样的人间面貌？

2020年，当21世纪第一个庚子年叩门而来的时候，我突然想重新走进历史：从进入公元以来的第一个庚子年开始，翻翻历史上的那些庚子年，看看那些庚子年究竟发生了什么？

魔咒真的存在吗？耻辱之外，警示之外，今天还能给我们留下什么启发？

是的，我或许仅仅是好奇而已。又或许，只是单纯想戳破1900年"庚子年"给中国人留下的固有的"动荡"印象。我权当这是一次庚子历史的主题旅行。

二

那我们就从公元100年开始吧。

这一年，是汉章帝下令在全国推行干支纪年的第一个庚子年，也是进入公元后的第一个世纪年。

这一年，发生了几件大事。先是汉朝日南郡象林县蛮夷二千余人反叛，寇掠百姓，焚烧官寺。郡县发兵讨伐，杀其渠帅，余众投降。少年天子汉和帝在摆脱窦氏戚族的政权控制后，开始励精图治，内整吏治、外击匈奴，"永元之隆"露出了一点可喜的苗头。

另一件大事，便是许慎在这一年编成了《说文解字》。这一年，许慎大约42岁，他用5年时间完成了这部具有划时代意义的字典。不过，在当时，他的个人著述并未引起帝国层面的重视，顶多只是在小氛围里被传读。大约要在21年后，他才在病中安排他的儿子许冲"诣阙献书"，而接受这本书的，已经不是汉和帝，而是汉安帝了。

因此，真正困扰着帝国上下的，还是那一年多发的自然灾害。先是秭归山崩，对，就是屈原老家那个地方。究竟是什么山，什么原因崩，没有更多的史料记载。当时的怪力乱神足以影响朝局，在今天看来，就是地震引发的山体崩塌。再是六月的舞阳大水。此地位于河南中部偏南，因在舞水（又作潕水、潶水）

之阳而名。这次大水究竟多少人口受灾，史书上也没有明确记载。可怜的汉和帝只能不停地赈灾，因为粮食缺口太大，连种粮都拿出来了。

尽管史书可能缺位，但历史是有记忆的。人们对庚子年必有大乱的主观印象，或许就来自公元100年发生的蛮夷叛乱与自然灾害。

三

强化这一印象的，是以后一个接一个的庚子年。

公元160年，庚子年。早在进入庚子年之前，因在剪除外戚梁冀集团中立下功劳，宦官单超、唐衡、徐璜、左悺、具瑗被封侯，时人并称"五侯"，东汉历史上最为猖獗的宦官专权时期就此开启。

可惜封了侯的单超并没有福气消受这样的好命，不久就死了。留下唐、徐、左、具四个宦官继续专权乱政。当时京城里流行一首民谣：左回天，具独坐，徐卧虎，唐雨堕。极言四个宦官的熏天权势。

其实宦官专权早就不是新鲜事物。早在第一个统一王朝秦朝诞生之后，就有了专权乱政的宦官。说起来，赵高完全可以说是他们的始祖，他在秦始皇病亡沙丘之后，和丞相李斯矫诏杀了本该继承皇位的扶苏和大将军蒙恬，扶持亲近的胡亥继位。此后，作为拥戴胡亥继位的赵高成为秦朝的实权人物，大肆屠杀皇室公子公主，又施计杀了李斯，独揽大权，胡作非为，最后导致陈胜吴广起义，"积极"推动了秦朝的快速灭亡。

赵高的专权和最后的作死，都与一统王朝、争夺皇权和巩固皇权利害攸关。宦官和帝王的结盟，在赵高时代开了头，此后便成为中国帝制时期愈演愈烈的政治戏份。后来的宦官，在"作死"的方法上可谓花样翻新，青出于蓝。东汉五侯专权，即是赵高之后，"宦官专权"的2.0升级版。

短命的单超到阴间单操去了，剩下的四个宦官并没有停下"作"的步伐。史书记载，四侯"皆竞起第宅，以华奢相尚，其仆从皆乘牛车而从列骑，兄弟姻戚，宰州临郡，辜较百姓，与盗无异。虐遍天下，民不堪命，故多为盗贼焉"。这句话的大意是说，宦官们争着修奢华府第，连仆人也跟着作威作福，而他们的兄弟亲戚，则当上了州郡的长官，其祸害百姓的程度，和强盗没什么区别。这么"作"的结果，是不让老百姓活命，最后老百姓只能沦落为盗贼。

东汉晚期的政治和社会乱象，一大半要拜宦官"作死"所赐。

对大多数老百姓而言，本以为赶走外戚梁冀，日子会好过些，谁知道扶持上来的这些个宦官比外戚还更没有底线。皇帝呢，虽然不太愿意看到这个结果，但自己挑的选择题，"含着泪也要做完"，只要江山社稷名义上还在刘家手上就好了，至于老百姓，苦就苦一点吧。

皇帝这么想，结果只会越来越糟。

公元 220 年，是为庚子年。苟延残喘了将近 200 年的东汉帝国终于在名义和事实上都消亡了。魏受汉禅，曹丕始称帝。

这个看起来不过很平常的朝代更迭，实际上开了一个非常恶劣的头，也埋下了天下大乱的祸根。尽管早在曹操时代，东汉帝国的政权实际上已名存实亡。挟天子以令诸侯，这是曹操的政治权谋。"我不当皇帝，但我可以把皇权玩弄于股掌之上。"是曹操对皇权多么敬畏？这当然说不上，但出于对千秋史笔的忌惮，曹操始终隐忍，不愿称帝。老子一死，儿子再没有那么谦让，名义上是禅让，实际上是直接抢夺，跟强盗没什么两样，而作为弱者的汉室宗亲，也只有乖乖让出皇位。

抢皇位，我来当。这一年，碰巧也是庚子年。它给后来的那些奸雄们做出一个明确的历史示范：皇帝轮流做，明年到我家。有了这个示范，三足鼎立的刘备于次年在成都称帝，忍了几年，孙权也于公元 229 年在武昌称帝。这一番三国演义，一演就是 60 年。到了公元 280 年，刚好又是一个庚子年，三国的戏码结束，天下变成了司马家的。

那一年，晋伐吴灭吴之战，带给江南一带民众的灾难是深重的。自古以来，兵灾就猛于自然灾害，只因自然灾害尚有一线生机，而兵戈板荡之下，普通民众很少有苟全性命的可能。对于孙吴政权庇佑下生活在首都建业的那些人而言，前一秒还在江南温柔乡里享受，后一秒即沦入亡国丧家的悲惨境地，这样的变化实在够魔幻。某个年高德劭的长者，会从血淋淋的战后废墟里发出一声意味深长的哀叹：庚子多乱啊！

四

说庚子多乱，也有冤枉。

但凡是兵戈止息的年岁，必然继之以文教兴盛。作为中国历史上大一统王朝之一，司马氏控制的晋朝延续了 155 年的国祚。这一百多年间诞生的文化名流以及文化成就，成为有史以来一个瞩目的高峰。所谓魏晋风度，一大半要靠晋朝人的贡献。

公元 340 年，又逢庚子年。第一个为中国文化的鼎盛做出贡献的人已经登场了，他就是大书法家王羲之。

在他生活的时代，他更多是以"王谢世家"的显赫身份而不是书法家的身份而存在的。早在东晋咸康初年（约公元 334 年），王羲之便出任江州刺史。那时候的江州，可不仅仅是今天江西九江这么小一个地方，它管辖的范围囊括了今天江西省的大部分地区，由此可以看出王羲之这个江州刺史的分量。

在任江州刺史期间，王羲之在庐山南面金轮峰下的玉泉帘附近，修建了一栋别墅。这可能是庐山历史上第一栋有名的别墅。关于王羲之习书法的墨池和通过养鹅慧悟墨艺的故事都发生在这个别墅里。"墨池"和"鹅池"的传说，让这栋别墅名声在外，也让庐山成为当然的文化高地，佛道两家对这种文化名山的争夺更能说明其分量。

王羲之辞任江州刺史之后，将庐山别墅这个有名的"家产"，捐给远道而来的西域高僧达摩多罗作为"庙产"。由"家产"而至"庙产"，这大约是佛教传入中国以来，第一宗最有文化影响力的个人捐赠，佛道之争从这个捐赠活动里分出了胜负。王羲之对佛教教义的服膺或者说对达摩罗多的宗教魅力的钦服，让他毫不犹豫地捐出了这处庐山的别业，让庐山有了有史以来见诸记载的第一座寺院。

从"王羲之别墅"到"归宗寺"，变化的岂止是名字，还有中国人对佛教的观念和态度。对那些远道而来的传教者而言，何其有幸，他们在庐山找到了"舍家传教"的知音，而对越来越多信奉佛教的中国普通民众而言，何其有幸，他们在庐山找到了自己的精神家园。

这一年，"何其有幸"，刚好是庚子年。

五

天下合久必分，分久必合。

还有一句话，叫"治久必乱，乱久必治"。它们的消长关系和"合久必分，分久必合"都是一样的逻辑。

王羲之捐别墅给西域高僧，内心应该怀着一副度世救人的菩萨心肠：莲座之下，一直岁月静好。世间的人，个个都活得如他笔下的字一样飘逸出尘，顾盼多姿，多好！可惜艺术家王羲之左右不了时局，"归宗寺"的动人梵音敲了不到60年，就不得不经受马蹄嘚嘚与刀剑锵锵的混合二重唱。

公元400年，这可能是中国历史上最乱的庚子年。

一个中国，就存在十个大小不同、影响不一的政权。

这一年，光年号就有十个：东晋隆安四年、后燕长乐二年、后秦弘始二年、西秦太初十三年、北魏天兴三年、后凉咸宁二年、南凉建和元年、北凉天玺二年、南燕建平元年、西凉庚子元年。这么多年号，老百姓记谁的呢？似乎个个都雄视天下、国祚万年的样子，但其实谁都逃不了短命的结局。顶可笑的是最后这个小政权的小皇帝取的年号，直接用"庚子"，简单、粗暴、直接，也难怪它维持不长。

对大多数中国人而言，这些割据政权非但没有给他们带来新世纪之初明媚的阳光，反而带来了彼此争夺征战的血光。曹丕在公元220年，即进入公元以来的第三个庚子年开的"好头"开始结出了致命的"坏果子"。"皇帝轮流做，明年到我家"的乱世基因，在公元400年爆发性地发作。

历史同情老百姓，翻一个甲子，洗洗牌，又换了个治世。公元460年，天下似乎好多了，文化和宗教的兴盛是治世的表征。这一年，一个伟大的文化工程启动了：佛教沙门领袖昙曜在北魏文成帝的授意下，建造云冈石窟。公元460年，武州山南麓，万人开凿的铁石撞击声一定是美妙而悠远的，那声音在山间持续响了15年，为世人留下了这一组惊人的数字：东西绵延一公里，总共45个石窟，51000余躯石雕造像。

除了云冈石窟，那一年，还有一个治世的大事值得一说，那就是数学家祖冲之算得圆周率在3.1415926与3.1415927之间，领先世界约千年。只要有人还愿意花心思去想这些看起来无助于现实利益的事，这世道就坏不到哪里去。

在数学还没有成为中国独立学科体系之前，这些天才的数学家们如何度过没有灯塔的万古长夜？有一天，我就这个问题请教成都理工大学的赵川教授，她觉得这个来自诗人的善意良问恰好击中了她的心扉，她认为这些万古长夜中的寂寞者，也是时代的"伤心者"。所谓伤心人别有怀抱，他们的伤心，不是出于个人际遇，而是出于对人类共同未来的担忧。在她看来，祖冲之在公元460年的贡献和李治在宋元之际的《测圆海镜》的贡献，都来自"伤心者"的长夜追问。

祖冲之和他的圆周率，理应成为"庚子年"的一个标志性记忆。它们的出现和存在，正是以"正"的形式，消弭作为"反"而顽固存在的"庚子"乱世印象。

正反仇合，历史规律。

六

我爱你，今天人们习惯用谐音"520"来表达。

公元520年那个庚子年，发生在北魏皇室中的一桩韵事，似乎是对"我爱你"这个现代词汇最生动的历史表达。

说"我爱你"，不是男对女，而是女对男，最关键的是，这个女的，还是太后，而被动接受的人，也不是普通人，他是北魏孝明帝元诩的叔叔，名闻当时的美男子清河王元怿。

魏晋多美男。皇室出个美男子，也不奇怪。可元怿除了美，还很有才；又美又有才，已是国宝了，关键他德行还很好。貌、才、德三绝，这样的人，可就有些遭天妒了，何况人间最容易生嫉妒心的政客和宦官。

怎么个三绝呢？来看看1948年在洛阳出土的清河文献王墓志铭上的记载：

年方龆龀，便学通诸经。强识博闻，一见不忘。百氏无遗，群言毕览。文华绮赡，下笔成章。升高睹物，在兴而作。虽食时之敏，七步之精，未之过也……王仪容美丽，端严若神，风流之盛，独绝当时。温恭淑慎，动合规矩。言为世则，行成师表。澹然以天地为心，喜怒不形于色……秉国之均，纲维万务，理无滞而不中，贤无隐而不举，政和神悦，讴咏所归。

这些赞美，固然有刻意粉饰、褒扬的成分，但从当时的老百姓对元怿被奸宦合谋杀死之后的真实情感，可以见出墓志所言不虚。侍中、领军将军元义怕正直的元怿有害于自己，乃与宦官刘腾密谋，囚禁胡太后，诬杀元怿，北魏举国上至王公贵族下到平民百姓闻讯无不痛哭失声，夷人有以割面流血之最高礼仪以送元怿者。

回到"我爱你"的爱情戏码上来。当初，孝明帝即位后，因为年纪尚小，不能理政，元怿和辅政的太后胡充华一起处理朝政。一个深闺寂寞，一个风流倜傥，胡太后对小叔子有了想法。德行高尚的元怿自然要拒绝，但禁不住胡太后以死相逼，于是从了。可是"我爱你"这样的好日子没过多久，元义和宦官刘腾便发动政变，杀了元怿，可怜贵为太后的胡充华也没有能力保护好自己的"爱人"。元怿死后，太后服膳俱废。

这段爱情故事显然不是他们的政敌元义编造出来的，因为《资治通鉴》里白纸黑字写着"胡太后逼而幸之"这样的句子。如果胡太后逼元怿顺幸是真，北魏皇室则可谓开女权主义的风气之先，胡太后也十足是一个敢于追求真爱的女子。只是可惜了元怿这个有着"周公"之誉的王佐之才，34岁就被奸宦祸害了。

元怿死后的北魏政权便进入了消亡的前奏。"义与腾表里擅权，义为外御，腾为内防，常直禁省，共裁刑赏，政无巨细，决于二人，威震内外，百僚重迹。"

想一想，这一幕好熟悉，是不是好像公元160年五侯专权的政治翻版？我们姑且叫它"宦官专权"的3.0版本吧。

王朝像这个样子，离败亡也就不远了。

元怿在中国上古史中尽管昙花一现，但他寄托着中国人美人美政的最高想象。

可惜，改变历史的，总是那些看上去不美、走近了又贼坏的小人，比如宦官，比如奸臣。

<h1 style="text-align:center">七</h1>

公元640年，大唐贞观十四年。看到这个年号，大多数中国人都知道，这大约是中国历史上政治最昌明、国家最强大、人民最幸福的时代之一。

这一年，大事几乎可以用计不可计来形容，而且都是积极的、正面的事。在这一年，我们反复看到直言敢谏的魏徵，也看到气量宏大的太宗，更看到忠于王事、秉正爱民的诸大臣，以及安居乐业、勤劳致富、发展文教的普通人。

逢庚子，必大乱。太宗和他的贤臣组合，一起狠狠地打了一回历史的脸，修正了后人的认知。

要说起来，这一年的大事还得首推太宗巡幸国子监推行的一系列发展文教的新政。

是时上大征天下名儒为学官……增筑学舍千二百间，增学生满二千二百六十员……于是四方学者云集京师，乃至高丽、百济、新罗、高昌、吐蕃诸酋长亦遣子弟请入国学，升讲筵者至八千余人。

文教的兴盛达于极致，官学在唐代的发展和太宗在640年的这次巡幸大为有关。不仅如此，太宗还责成大儒孔颖达撰写《五经正义》，令天下学者学习。这等于是由帝国编订了高等教育的通用教材，孔颖达也因此名垂青史。

看看，这才是盛世的样子。

由乱而治，由治而盛。进入公元以来，第一个扬眉吐气的庚子年，就这样不期而来。

帝国内部的幸福感不言而喻，四夷也跟着沾光。

这一年，还有一件大事，就是文成公主入藏。

史书的记载，只有这么短短一行：丙辰，吐蕃赞普遣其相禄东赞献金5000两及珍玩数百，以请婚。上许以文成公主妻之。

柏杨在《中国历史年表》里，将文成公主入藏列为641年，不知所持何据。推算时间，松赞干布请婚时间在640年冬季，文成公主奉命入藏大约要走一年时间，其实际到达西藏的时间为641年，即辛丑年。因此，柏杨将其列入641年，似也有道理。

鉴于文成公主入藏的历史大多数中国人都耳熟能详，我也就不在这里废话了。和那些在乱世里以和亲赔钱割地求得王朝苟安的皇帝相比而言，太宗在太平盛世将文成公主以和亲的名义远嫁吐蕃所表现出来的政治远见和政治智慧，的确非常难得。但更为难得的是，文成公主入藏之后卓越的政治表现和婚姻家庭表现，使松赞干布和吐蕃平民百姓对天朝上国无不威服，使唐帝国的和亲目的顺利达成并远超预期。

如果没有文成公主入藏后的这些表现，太宗在和亲这件事上的政治远见和政治智慧将大打折扣，甚至，和亲的历史也将改写。一定程度上，我们可以说，公元640年的冬天，皇帝做出了一个英明的政治决定，而文成公主在这一年里，为民族团结迈出了具有关键意义的一步。

今天，我们得承认，那一段和亲路，让公元640年在中国历史上走得异常精彩、异常耀眼。以致很多年后，当人们陷入一个又一个庚子之乱时，会无限神往地对后人说：那一个庚子年，是多么美好的庚子年啊！

八

公元760年，唐帝国陷入安史之乱，江山险些易主。

公元820年，宦官陈弘志杀唐宪宗李纯，对外宣称唐宪宗是因为药发暴卒。这大约是宦官专权乱政的9.0版本了吧。宦官胆子到这时已经越来越大，连皇帝也可以直接杀了。到这一步，唐朝覆亡的日子便已不远了。翻过一个甲子，到公元880年这个庚子年，"助攻手"黄巢就出现了。

其实早在公元874年，王仙芝已起于河南长垣。次年，全国大蝗，自西而东，赤地千里。黄巢在山东菏泽响应王仙芝。三年，王仙芝败亡于湖北黄梅，独黄巢陷长沙，攻江陵。到了公元880年，黄巢军国江西上饶，攻淮南，后连陷洛阳、潼关，杀入长安，并于当年称帝，取国号齐。

早在进入长安之前的夏初，黄巢兵屯信州，就遇到了疾疫。这场疾疫有多严重？史料的记载是叛军死者有十之三四，战争引发的疫病让叛军非战斗因素严重减员，但黄巢似乎并没有为此警醒。上一年，黄巢攻入广州后，为报复广州军民的顽强抵抗，下令屠城。在这场大浩劫中，广州城被杀的人之多无法计算，据中世纪阿拉伯商人写的旅行记《中国印度见闻录》记载，仅仅是死于屠刀下的人便多达12万，这还不包含因这场屠杀引发的大疫而死亡的人！而10世纪阿拉伯学者马素第的《黄金草原》一书则称遇难的外国人数量是20万！不管这两组数据是否有夸大成分，死于黄巢军屠刀下的平民数量之多确是不争的事实。

嗜杀，是这些农民军首领的通病。黄巢无形中，给后来的农民军首领做了一个很坏的示范，比如张献忠。清初四川东北地区大面积的疫病，跟张献忠的滥杀有直接关系。黄巢进入长安后，大开杀戒，"甫数日，因大掠，缚棰居人索财，号'淘物'。富家皆跣而驱，贼酋阅甲第以处，争取人妻女乱之，捕得官吏悉斩之，火庐舍不可赀，宗室侯王屠之无类矣。"据统计，长安被杀者，近8万人。

这还不算完。杀完唐宗室，黄巢兵败退出长安后，攻陈州（今河南淮阳）时，又滥杀平民百姓，以供军需。在这场持续了将近一年的攻城战役中，黄巢以杀平民供军粮的方式，大肆屠杀河南、山东两省的平民，并建造巨碓，采用机械化方式，将活人碾碎充作军粮（"关东仍岁无耕稼，人饿倚墙壁间，贼俘人而食，日杀数千。贼有春磨砦，为巨碓数百，生纳人于臼碎之，合骨而食，其流毒若是。"见《旧唐书·黄巢传》）。据最保守的统计，在围攻陈州近一年的时间里，被黄巢的军队吃掉的民众就远超 30 万！

尽管正史对黄巢军食人的情况没有记录，但越来越多的史料证明，黄巢一个十足杀人狂魔。即便他在反抗暴政中有一些进步意义，但也无法冲抵他滥杀平民的罪恶。以公元 880 年黄巢在长安称帝为中心，黄巢破广州及兵败攻陈州之后的大屠杀，是中国历史上最血腥的一段。

九

现在，让我们进入第一个千禧年吧。

公元 1000 年，年逢庚子，是为宋真宗咸平三年。宋朝推行仁德治国，皇帝大多宽厚仁慈，即便要打仗，主要都是针对外侮，很少窝里横。可即便是这样的仁德时代，也还是有不太平的事发生。先是，朝廷用兵，与辽师战于瀛洲，为后来的澶渊之盟缔结产生了深远影响。再是，一个名为党项的小夷首领李继迁在甘肃灵武以南劫掠了宋军的粮饷。马善被骑，人软被欺，修文偃武的宋朝活得也真是可怜，连这样的一个小夷也要来欺负一把。

这一年，成都发生了王均的叛乱，尽管为时不长，但对帝国的影响还是很大的。"天下未乱蜀先乱"，王均的叛乱，是对这句治蜀名言的历史诠释之一种。好在益州知州雷有终迅速平叛，朝廷设置川陕安抚使，处置镇压王均叛乱善后事宜。

自然灾害在这一年也来找麻烦。这一年五月，黄河在郓州（今山东东平）王陵埽决口，水势漫延到山东巨野，随后流入淮河、泗水，进逼郓州城。地方官虽然勉力应对，征调数万民夫堵塞决口，安抚灾民，发放口粮，奈何雨天连绵，持续一月，积水持续漫涨。到了六月，不得不将郓州城迁徙至原址东南五十里的汶阳乡高原地带。

到了1120年，宋朝的日子开始不好过了。朝廷在这一年派中奉大夫赵良嗣出使金，约金击辽，并许以岁贡。看起来这是个合纵连横的妙招，却没想到结盟的金人最终成了北宋的掘墓人。

如果说这样的"作死"，还是因为没有充分地预判，那么，"花石纲"引发的方腊起义则是典型的自作孽不可活了。一个帝王的爱尚，引发举国民生舆情，皇帝难道不应该反思并及时叫停吗？或许，人心还有收拾的余地呢。

可惜，高高在上的皇帝要么是被封了真实的言路，要么是听到了、看到了而选择性地装聋作哑。不就是喜欢个石头吗，又没让你纳税捐粮，动你吃饭的根本，有啥好号的呢？这是强权的逻辑，有些理所当然，更有些不被理解的埋怨。皇帝有时候也有些使性纵气的小淘气，但他忽略了他的使性纵气带来的灾难性后果。"花石纲"之扰，使江南"比屋皆怨"。民间的怨气大了，可就不是使性纵气那么简单了。浙江建德的方腊很快聚众起兵，攻陷建德、杭州。外侮与内乱交替，宋室开始风雨飘摇。翻一个甲子，到了1180年，黎州五部落之变、黎州戍军兵变以及江、浙、淮西、湖北大旱，着实亏损了帝国的元气。随后，蒙古崛起，南宋灭国，便是命定的规律了。

十

元朝国祚不长，经历1300年这个庚子年时，也只有信州永丰县尹王祯著《农书》可堪一说。作为中国第一部全国范围内对整个农业作系统研究的专著，《农书》诞生在元朝，实在也可以说得上是偶然因素。全书最有价值的地方，在于《农器图谱》部分列出了各种农具和农业机械图，总共三百零六幅，每一幅图后有文字说明该农器的构造、用法等，这相当于一本"农民职业操作指南"。元朝勉强维持到1360年，陈友谅已在武昌建立陈汉政权。朱元璋在这一年已经羽翼丰满，成为韩宋江南行省平章，不久就要与老陈决战于鄱阳湖。这一年，除了元至正二十年这个年号外，还有天完治平十年，韩宋龙凤六年，陈汉大义元年。至正即将不正，天完也即将天要其灭亡，剩下韩宋，慢慢演变成大明。新的历史就此开篇。

1420年，即明永乐十八年，这个庚子年异常强悍，乃因朱棣的强悍使然。尽管很多人不喜欢他抢建文帝的皇位，杀方孝孺十族，但这个强悍的主儿在位时干了很多皇帝几辈子都干不了的事。

这一年，故宫建成。如果说修故宫，是老朱干的好事，那么，设东厂就一定是老朱干的坏事。1420年，这个庚子年，朱棣的脑回路一定是常人所无法想象的。他设东厂的目的，是让宦官探听大小情事，尤其是大臣们对自己的议论，然后直接报告给自己。作为一种皇家间谍制度，东厂和西厂以及锦衣卫制度三集合，成为中国王朝特务制度的集大成之作。

这一年，还有山东蒲台（今滨州）的唐赛儿之乱，不过影响实在太小，估计朱棣都没怎么发过指示就被灭了。

还记得公元460年的大事吗？那一年，祖冲之领先世界算出了圆周率的概值。公元1540年，让我们将发现庚子年的眼光第一次投向西方。这一年，荷兰数学家鲁道夫·科伊伦诞生，他要在几十年后，才用2的六十二次方边形，将圆周率计算到小数点后第35位。从第7位到第35位，鲁道夫·科伊伦虽然比祖冲之前进了28步，但他却比祖冲之晚了至少1100年。

每当我想到这一点，我就不禁深深佩服祖冲之这个漫漫长夜的先行者。

回到大明王朝。这一年，死了一个人，不是什么大人物，但我们不该忘记。这个人就是射洪人杨最。他的名气当然没法跟陈子昂比，但射洪人乃至四川人应该以当地出这么一个人而骄傲。杨最是正德十二年（公元1517年）进士，科班出身。为人正直，敢言弊事。在山西帮灾民说过好话，在淮扬治理过水患。公元1540年，为力谏嘉靖好神仙、炼丹药、远奸邪，他在群臣都不敢言的情况下，大胆上疏：黄白金丹之术，皆可断元气，惟端拱清穆，恭默思道，不迩声色，保复元神、仙药不求而至矣。至于监国，犹不敢议。这次抗疏，触发嘉靖震怒，杨最被"立下诏狱，重杖之，杖未毕而卒，百官震惧"。

杨最死于杖下，和当道者买通行刑人下重手有直接关系。史书称杨最"性淳朴刚直，不能媚人，当道深嫉之"。杨最死后，敬仰他的人"留其履袜而祠之"。隆庆初年，被平反昭雪，赠副都御史，谥忠节。

前有杨慎，后有杨最，两个姓杨的四川人，在嘉靖的杖下没有屈服，一流放一死，都足以证明四川人的风骨和气节。明朝的崩亡，虽系于崇祯，实祸起于嘉靖的修道误国。二杨的冒死抗疏，虽无改于嘉靖的意志，但对于养正气、正风俗、齐人心之作用，当不容低估。

十一

公元1600年，距离崇祯吊死煤山已经剩下不多的时间了。在中国，苟延残喘的大明王朝不会注意到，即将推翻它政权的关外建州女真势力已经破土萌芽了。而在世界范围内，英国东印度公司在这一年成立，显著的军政背景，突出了英国对印度的殖民掠夺意图，当然，也标志着英国在世界范围内的逐渐强大。

明朝政府是不会对东印度公司的动态有何反应的，因为信息传输太慢，更因为长期以来缺乏眼光向外的思维。这个局面要一直持续到清乾隆时期，英使马戈尔尼送上门来，才会被中国人获悉。即便如此，自诩强大的乾隆皇帝，也并未对以英国为首的列强报以足够的重视，这直接导致了1840年第一次鸦片战争的爆发。

战争的触发点在于两广总督林则徐在广州虎门的销烟行动。不甘心多年来在中国苦心经营的鸦片贸易被切断，英国议会通过了对大清用兵的议案，迅速建立起了一支由四十八只舰船、五百四十门大炮、四千名士兵组成的"东方远征军"。按照柏杨在《中国历史年表》中的数据，实际军备恐不止于此。海陆军总量为二万五千人。面对英人的坚船利炮，林则徐和闽浙总督邓廷桢积极整军经武，严阵以待，他们看到了劳师远袭的英人其实有很多战争上的不利因素，比如物资供应，比如不熟地形。这样的军事部署，让英人不得不放弃进攻广州而北上炮击厦门，被邓廷桢击退后又兵犯浙江。这样的局面维持到九月，皇帝却革了林则徐和邓廷桢的职，并着交部分别严加议处，欲以此换得议和局面。新任两广总督琦善"欲藉笔舌之力，弥缝了事"。英领事义律"知非再用武力不可"，乃于十二月炮轰虎门外沙角、大角两炮台。两炮台失守后，琦善惊恐万状，连夜遣使私自和英方订约。道光帝获知真相后，大为震怒，再向英人宣战。

战事延续到 1842 年 8 月，英军兵临南京城下为止。清政府被迫签订了中国近代史上第一个不平等条约：中英《南京条约》。清政府割让香港岛给英国，开放广州、厦门、福州、宁波、上海为通商口岸，允许英国人在通商口岸设驻领事馆，中国向英国赔款 2100 万银圆，英国在中国的进出口货物纳税由中国与英国共同议定，英国商人可以自由地与中国商人交易而不受"公行"的限制。

随后，清政府又被迫和西方列强签订了更多不平等条约。战事失利过程中，林则徐已在前往发配地新疆伊犁的途中。投降派的构陷对他而言并不可惧，可怕的是，投降派一旦软弱示敌，西方列强可能在尝到甜头后会加剧对中国的侵略。在前往伊犁的途中，他满怀愤怒，写下了激励世人的千古名句："苟利国家生死以，岂因祸福避趋之。"

这是中国历史上，最让人壮怀激烈的庚子年。

十二

最后，让我们回到公元 1900 年这个离我们较近的庚子年。

庚子京师变乱的史学影响，今天的史家也好，历史研究者也罢，当没有同时代人的感受最为真切。他们作为现场的近观者，其实最有发言权。清人仲芳氏在他的日记体著作《庚子记事》里，对自己所见所闻的义和团运动及八国联军入侵前后北京地区的情况做了翔实的记录。

大动乱之下，无论尊卑贵贱，一体命如草芥。在其廿一日和廿二日的日记中，仲芳氏记录了北京城中的惨状：

> 京师既陷，体仁阁大学士管理吏部事务徐桐，前礼部左侍郎景善，国子监祭酒熙元、王懿荣，工科给事中恩顺，掌江西道监察御史韩培森，江西道监察御史宗室德藩，湖广道监察御史宋承庠，翰林院侍读崇寿、宗室宝丰，庶吉士宗室寿富，吏部主事钟杰，户部员外郎宗室恩翚、殷育恩、咸善晶，主事陶见曾、李慕、铁山、英魁、崇寿、宗室谨善堂、主事才保，兵部郎中魁麟，员外郎荫德贺、赵宝书、重振，主事王铁珊，刑部郎中汪以庄，主事郭绍征、王者馨、毛焕枢，工部主事恒昌、白庆、周增和、宗室海明，理藩院主事英顺，内务府员外郎诚年、端鑫、明昭，宗人府经历宗室纳钦，光禄寺署正王恩第，库使锡麟，内阁中书堃厚、清廉、玉彬、陈廷勋，国子监助教柏山，南城正指挥项同寿，东城兵马司吏目官玉森等死之。熙元、王懿荣家属，同时殉难。连日阵亡将校六百四十员，其余文武大小官绅耆民等阖家或引火自焚，仰药以殉，投井而殁者一千七百九十八员。家属之多者，如三品衔兼袭骑都尉候选员外郎陈銮一户，男女三十一人，同殉。

> 廿二日，前吉林将军延茂守安定门，廿一日下城，于今日率同阖家男女十二名，引火自焚。

> 户部尚书崇绮之子葆亨，先期于厅事下挖地窟一道，京陷之

日，令老幼男女先入窟室，葆亨后入，令仆掩以土，引火焚烧，阖门殉焉。

看到上列死于庚子之乱的大清官员名单，你才会明白：生前那些荣华富贵，都不过是一场虚幻而浮华的梦。唯有动乱之下的死亡，才是真实的凄惨。

然则，庚子之乱真的是天意如此吗？仲芳氏在该书的序言中的几句话对此有深刻而到位的思考，也很有进步意义：此固由于天时劫运，数不可逃，王大臣纵庇乱民所致；实亦由人心不古，争尚奢华，不知俭约，胜亟必衰，天之所以示警也。仲芳氏还表示，他写作此书的目的，"惟愿后世子孙，在盛世安乐之时，勤记此篇，时加警惕，稍能谨慎，不致放纵奢靡"。

然而，当权者似乎看不到仲芳氏的讽谏。一路逃难到西安的慈禧，于次年回銮途中表现出来的奢侈浪费，和当年在京中并没有两样。对慈禧而言，庚子乱中，她的仓皇辞庙，并不是让她去体谅民间的疾苦，而是一次离开京城的盛大旅行。

十三

在清政府忙着收拾庚子之乱引发的烂摊子的同时，在遥远的美国旧金山，一场突袭而来的鼠疫让城市居民惊慌失措。

我还是引近距离观察者的文字，来回顾这场鼠疫的可怕历程以及给后人的警示：华尔街日报医药记者玛丽琳·蔡斯（Rilyn Chase）在她出版于 2007 年的著作《旧金山大瘟疫》一书中，以生动的笔调讲述了美国人面对鼠疫的应对，同时，也暴露了那时乃至现在的公共卫生服务面临的主要问题——

　　1900 年 3 月，旧金山第一个患上黑死病的人死亡。他叫黄初景，41 岁，是一名居住在唐人街的木材商人。市政卫生部门不等确切的诊断结果出来，连夜用绳索将唐人街的建筑物围起来，将这个社区隔离了。卫生部门既没有将黄初景工作和生活的建筑物隔离，也没有搜寻跟他有过接触的人，更没有捕杀他们知道是疾病传播者的老鼠。他们将责任推给了当地所有华人居民，而白人在唐人街开办的商业企业却没有被隔离。

　　随着更多的人染上这一烈性传染病，各种闹剧上演了。华人居民抗议当局的处理方法，因为这种处理方法以种族为依据，是赤裸裸的种族歧视。华人赢得了诉讼，迫使当局撤销了隔离路障。白人商业团体由于害怕他们的商业活动受到影响而不是因为反对种族歧视，也同意说这种致命的疾病不是瘟疫。州长和卫生部门的官员由于担心破坏了旧金山作为"西部健康的灯塔"的声誉，也反对将此病诊断为黑死病。除了威廉兰道夫哈斯特所办的报纸 *Exaner* 以外，其他报纸同样拒绝承认瘟疫的存在。这样，市政卫生官员和他们唯一的同盟者、来自天使岛旧金山湾区移民局所在地的联邦检疫医生，能够得到的公众和财政支持就非常少了。

尽管这场鼠疫最终得到控制，但旧金山人民却付出了巨大的代价。玛丽琳·蔡斯并没有在书中深入地讨论我们究竟该从旧金山疫情中得到什么教训，但人们还是从她生动而细腻的记录中得到了某些启发：当对抗瘟疫的运动将疾病种族化，因此造成歧视性的公共卫生活动，公共卫生工作就会失败；当商业团体和政府将经济和政治利益放在人民生命之上时，公共卫生工作也会失败。

对于普通民众而言，力量的弱小和能力的欠缺，根本没有对抗疫情的能力。《旧金山大瘟疫》带给普通人的启发还在于：仅仅依靠医药知识、政府力量或者强大的经济还不足以使我们健康地存活。确切地说，知识和权力的运用必须受到正义原则的支配，为大多数而不是一小撮人的利益服务。为此，监督知识和权力围绕正义原则支配，就成为我们作为普通人得以对抗疫情的重要支撑。

十四

这次庚子旅行到这里就该告一段落了。

知乎上有一个"如何科学地看待庚子年必有大乱"的话题，一个网友的观点很符合我写这篇长文的宗旨。抛开那些空天、气象、物理、玄学理论，"庚子年必有大乱"其实只是一种感性的、经验性的总结。而经验来自哪里？来自历史。

通过这次旅行，我们其实不难得出答案。从巫文明到宗教文明再到科技文明，我们有足够的智慧和心态，看待所谓的"庚子年必有大乱"。即便我们专挑庚子年发生的那些动乱事件，我们也应该清楚，国家和社会的治乱的确系乎人心。清人钱大昕说："天下之治乱，系乎风俗。"他又说："治天下者，以整顿风俗为先，人心肃则国威遒。人心者，世俗之本也；世俗者，王（国）运之本也。人心亡，则世俗坏；世俗坏，则王运（国运）中易。"

统计学上有一个理论，为相关性不代表因果性。庚子年没有必乱的因果。王安石那句名言对我们认识这个问题依然有帮助：天变不足畏，祖宗不足法，人言不足恤。千多年前的人都有这个觉悟，今天的我们应该有更高的觉悟：没有更好，没有更坏，治乱之间，只是一个历史规律，交替运行。2020年这个庚子年，我们唯一需要做的是：做好自己！

张栻：四海无人万古空

序

    2018年5月19日，四川德阳市绵竹南轩中学，云开雨停，风来爽至。

绵竹南轩中学内的张栻像　庞惊涛摄

这里是南宋大儒、理学家张栻的故里。按照绵竹南轩中学与湖南宁乡南轩中学的约定，两所南轩中学在结成姊妹学校后，又共同奉立张栻塑像。

当按剑执卷、目视远方的张栻全身像揭开后，全校师生无不肃穆恭谨、敬拜如仪。

张栻像，载《历代帝王圣贤名臣大儒遗像》，清康熙二十四年手绘本，今藏法国国家图书馆。据岳麓书社《张栻集》

四川绵竹、湖南宁乡，一个是张栻的生身之邦，一个是张栻的埋骨之所。两所南轩中学，就以这样的方式，跨越时空，共同完成了对这位先贤的恒久瞻念。

这是汶川特大地震十周年的时间节点上，绵竹这个重灾区精神不倒、信念崛起的一个典型证明。

青史把名标，薪火传今朝！诚如《南轩故里颂》所唱言，张栻思想体系里最重要的教育思想，"传道济民"之所以在近千年的演进历史里山河重光、人间器重，实因于他的这个教育思想，有着洞穿时代、烛照古今的力量。

今天，张栻的身影尽管早已浩然远逝，但通过回视或者重温他的人生履迹，我们仍能重新走进他丰富的精神世界，并和他完成一次跨越千年的对话。

一、阆州辞里

南宋绍兴七年（公元1137年）冬，阆州，嘉陵江渡口。

一艘即将顺江而下的官船上，5岁的张栻和母亲宇文氏及一众内眷正在和前来送行的亲友挥手话别。

"孩儿，我们就快见到父亲了，你念不念他？"母亲问道。

"父亲操劳大事，儿不敢念他，让他分心。"张栻奶声奶气的童音里，却有一种成熟安定的力量，是和他的年龄不相匹配的。此儿自生下来，多少异于常人的颖悟，早让宇文氏安之若素了，只是这一番超出常人常情的回答，还是让她感到有些意外。

可细一思量，张栻这一番

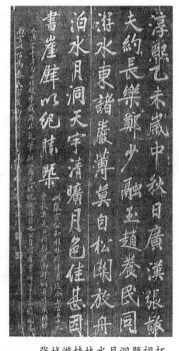

张栻游桂林水月洞题词拓片。据岳麓书社《张栻集》

话，若究及心源，实在是为人子者纯孝大爱的发端。自其牙牙学语以来，夫君谆谆教诲其孔孟仁爱之道，本以为他年幼很难懂得，却不承想耳濡目染久之，还是春风化雨一般进了他的脑子，不经意地，就转成了他成人一般晓事的稚语童言。

"当得修书一封，为家君告知此状。"宇文氏心念及此，官船却是启动了，她忙将张栻揽入怀中。看着两岸青山飞迎驰退，她竟突然生了些不舍。

张家在阆州时间不长，却明大纲、修仁义，军政一体，上下归心。军政之暇，家君力劝文教，也结交了一些地方名流，与少数人家更有了通家之谊。这一年的正月，蒙圣眷，家君加观文殿大学士兼枢密使，出将入相，正是他一生抱负初展的好开端。但朝局千变万化，年底的时候，朝廷却又有了新的诏命：以秘书少监分司西京，永州居住，这是贬谪的意思了。

永州好啊，远离庙堂，又能一家人团聚，只是离祖籍绵竹、离生活了几年的阆州越来越远了。

"母亲，我们还会回来吗？"张栻忽然问道。

"孩儿啊，不管你将来走到哪里，你都不能忘了这个生身之邦。"在官不自由，宇文氏是明白的，所以她不能给出"会"与"不会"这两个确定的回答，但她可以确定的是，为母之教，在于让钦儿从小怀真情、懂感恩。

"儿记下了。"

山长水阔，去去初程。永州到底是一个什么样的地方，还有和阆州一样的名物风情、风雨故人吗？年幼的张栻终究还是不解离滋味的，很快，他就在宇文氏的怀里睡着了。

二、长沙积学

初建成的尽心堂，在长沙城南里居的居民们看来，不是张浚这个高官显贵显摆的豪门大宅，而是仕宦飘零的忠孝儒臣色养高堂的孝悌之居。乐与之为邻，是大家的真实心理。

而在 10 岁的张栻眼中，尽心堂却是他安然就墨的静心读书之所。当然，他不会知道，自此，他的未来以及这个家庭，从此将以这里为中心。

但得闲暇，父亲必不忘教习张栻圣人之道。可父亲太忙了，担心张栻兄弟荒疏了学业，便在尽心堂建成后不久，请来了刘芮先生，主持张家子弟的馆

张栻《先正大家帖》，上海朵云轩2015 年秋季艺术品拍卖会。据王开琸、胡宗楙、[日] 高畑常信著，邓洪波辑校，科学出版社《张栻年谱》

舍之学。

刘先生是元祐忠贤、忠肃公刘挚的曾孙，南渡后徙居长沙，先后师事孙伟和湖湘学派的开创者胡安国，成为元城学派开山大儒刘安世的再传弟子，后又游于和靖先生尹焞门下，深于易学，所造粹然。

从刘芮学问体系的宗派源流来看，显然都是南宋早期的儒门正宗与学问主流。张栻之所以能幼学正脉，并始终不脱离于这个正脉，实在是父亲张浚虽为武备仍虔心儒学的影响所致。在张栻的记忆里，但凡父亲在家之日，往来家中的，大抵都是一时鸿儒，而绝少赳赳武夫。在阆州生活之时，尹焞和靖先生曾经短暂教习过张栻，对其目之甚高。如今，那些夸赞他的言语，虽然再也记不得了，但他们的风态仪表，张栻却见之不忘。

刘先生对张栻兄弟言行举止的要求似乎更严。在主讲仁义之道之外，他根据二子的年龄天分，又加上了《易经》教习的课程。《易经》是群经之首，大道之源，以天地自然、世间万象变易的深刻奥义，启发张栻兄弟的懵懂蒙昧于万一，这是他的道理，他相信，学有循序渐进，但没有渐进之基础，如何指望将来刹那顿悟？张栻现在不明白那些广大精微的辩证法则，可谁能否认，他没有融会贯通的那一天？世俗的观念总是认为，适龄适学，但大多数人没有明白，超龄超学，乃是启发蒙昧的最佳方式。

稍长，在父亲的要求下，张栻又从岭表王大宝先生学。王大宝字符龟，是潮州海阳人，对儒学颇有研究，尤其对《易经》有心得。张浚贬谪连州时，王大宝正好知连州，两人都是坚定的主战派。在连州时，张浚经济困窘，王大宝知道后，就拿出一部分经制钱来接济他。经制钱本是朝廷为筹措军政费用而在地方加征的杂税，只能用于军政开支，王大宝此举，当然冒了很大的政治风险。张浚为此深感不安："如果就此连累了你，可怎么办呢?"王大宝却慨然道："如果因此而被连累，这是我的命!"感于王大宝的高义，张浚由此与王大宝论交。

"刘先生易学高深，已是一时之选，为什么还要从王先生学呢?"张栻不解父亲的真实意图，于是问道。

"钦儿以为从师问学，以学问先，抑或以德为先?"张浚不直接回答张栻的提问，而是启发性地反问道。

"圣人云，德才兼备，以德为首，儿以为，从师问学，首要学其品德，次之才学其学问。"

"钦儿理解甚是。"张浚以此为发挥，又给张栻讲了一番修身立德的道理，并把王先生甘冒风险接济他的这件事讲给他，目的不是让张栻明白自己为官的艰窘，而是理解王先生品行道德的高义之处。"汝今后要明白，以才择人诚不如以德择人，但有德高于我者，即是我师。"

"父亲是要儿择师而处，遇贤即拜，开拓心胸，养成道德。"张栻有一点就透的天赋，欣然于父亲的这一番说教，自此汲汲于追拜名师，见贤思齐。很快，父亲的师友、门人，都成了他学习结交的对象。

以幼年庭训为基础，以少年馆学为递进，再经过青年早期的转益多师，这样层累地提高，使张栻很快超越了同年纪的大多数有正统官学经历的学生。多年后，他就凭着这个不一样的基础之教，把自己送到了湖湘学派宗师胡宏先生的门墙之下。

三、南岳拜师

安置一个平静悠游的书斋，在南宋偏安江南的政治格局里，是一件很不容易的事。

绍兴二十五年（公元 1155 年），张栻秉承父命，给弟弟张构的书斋写一篇铭文。张浚取孔子"士必悫而后求智能"中的"悫"为张构的书斋名，要求张栻以此发挥，写一篇文章，以对弟弟起到铭警的作用。

这等于是一篇命题作文。除了警醒弟弟外，当然也有考验他多年所学的用意。张栻略作思考，完成了《悫斋铭》呈给父亲。

这篇文章不事雕饰，辞藻平实，几乎无古奥偏僻的典故，但却有自己深刻独到的见解和明确坚定的主张，显现出了张栻作为未来理学鸿儒"文以载道"的朴实文风和以事说理的理学家旨趣：

士或志近，辩给智巧。学之不知，其器则小。天下之理，惟实为贵。实不在外，当悫乎己。不震不摇，物孰加之。以此操行，谁曰不宜？古之君子，惟斯之守。不可小知，而可大受。故以此事亲，斯为孝；以此事君，斯为忠；以此事兄，斯为悌；交于朋友，斯为信。子其深思而不忒，维师乎悫以令子之德。

　　无论孝悌忠信，一个"实"字，都是可贵的根本，只要心里不动摇，外物是无法强加给自己的。张栻唯"实"之守，强调心的作用，是他后来在岳麓书院和城南书院反复讲解心性论的先声。

　　但兄弟二人的书斋，从23岁以后，再也无法安静了。

　　次年，祖母计太夫人去世，张栻随父亲扶祖母灵柩回蜀。这是他成年之后第一次也是最后一次回蜀，此后，故园千里，只相望而不得相见也。

　　25岁那年，父亲张浚受秦桧排挤，服阙落职，以本官奉祠居永州。

　　28岁那年，母亲宇文氏去世。

　　张栻纯孝，家中接连两丧，自然是哀毁骨销。父亲落

《张公父子祠堂碑记》残碑拓片之二，今藏宁乡博物馆。据王开琸、胡宗楙、［日］高畑常信著，邓洪波辑校，科学出版社《张栻年谱》

职闲住，报效国家的理想眼见落空，情绪不佳，也需人纾解。可这些天道规律与庙堂争斗，都是他无能为力去改变和左右的，他只能反求诸己，让本不安静的书斋，经由自己的沉潜修守，复归于平静。

他静下心来，辑录孔子弟子颜渊的言行，作《希颜录》，以颜渊为自己的精神楷模。初稿写出后，"往往被朋友所传写"。当然，他也将这个初稿，交给新认识的志同道合的朋友，听取他们的意见。这一年的十月，杨万里调任零陵丞，张栻与他一见如故，于是呈上《希颜录》，请杨万里批评。

早在结识张栻之前，杨万里就仰慕张浚的大名，执弟子礼拜谒张浚。但张浚以自己身在迁谪之中，不宜结交，所以杜门谢客。如是者数月，不得谒见，杨万里为之苦恼不已。

张栻是为父亲而骄傲的，他想起父亲以前对自己所讲"遇贤即拜"的道理，深深理解杨万里得遇良师但不得其门的苦恼。这一日回家之后，即恳请父亲洞开门户，以教贤才。于是父子之间，有了一场与教育相关的对话。

"得贤才而教，诚为父亲之幸，廷秀（杨万里字廷秀）庄诚睿敏，儿所不及，父亲独不喜耶？"

"为父身已许国，岂能有私教之想，而况将来一旦投身戎机，难能片刻晓谕。一时名号，一世空许，如此有师生之名，而无师生之实，误人如此，实不愿也。"看来张浚对这个问题有自己的思考，只是他未便与人明言而已。

但张栻却不认同父亲的看法："先生之教，有长有短；学生之获，有深有浅。片刻之示，有人受益终身；终生之教，有人置若罔闻。此中之别，全在学者心意与根器，廷秀慧悟，远在儿之上，片刻片语，或也能收甘霖之效。父亲闲居常日，独不愿付片刻工夫以成君子之德乎？"

这一番至情至性的话，显然打动了张浚。他欣喜地看到，当年的钦儿已经长成了"脱然可与语圣人之道"的钦夫了。更为难得的是，他愿意为朋友遇贤即拜尽心如此，可见当年辛苦培养的功夫没有白费。

张浚除了答应，似乎找不到更合适的理由来拒绝儿子，拒绝杨万里。见面当日，他对杨万里勉之以"正心诚意"之学，杨万里将此作为天道纶音，自己的书斋从此便名为"诚斋"。

杨万里求仁得仁，对张栻感激不已。张栻却有自己的苦楚，想倒给杨万里。

"南岳胡公（指胡宏），弟慕名甚久，时以书质疑求益，然公片纸不与。前次只身往拜，公辞以疾。兄之拜师大易反衬弟之拜师大逆，世事如此，奈何？"

"事有始难终易，兄大可不必如此过急。"杨万里宽解道，"胡公不见，或也如令尊当初不见弟一样，有不能明言之苦。"

一语点醒了张栻。他日，见到好友孙正孺，便把这番苦恼讲给他听。

孙正孺快人快语："汝若不问，我便不讲。既如此，当据实以告。先生知尔大器，只是顾虑：'渠家好佛，宏见他说甚？'"

张栻恍然大悟，争辩道："家父好佛，少时偶得从侍，但从未随学。先生以父之故而迁念，真是冤哉枉也。"

"此事辩明，却也不难。只是此番断不能再驰书告，还是再走南岳，或得机缘。"

张栻听孙正孺之劝，只身再往南岳胡文定公书堂。一见胡宏，张栻即躬身拜在座下，泣告缘由，表白诚意。

"佛道两家，原本与儒门多有和合之处，只是近世以来，谵妄玄说多害，恐尔误入歧途，不为受益，反为之害。"胡宏也是一番苦口婆心，赤诚以见。

"学生理会得。干父之蛊，不忘盖父之愆，此才是人子大孝。"潜意识里，张栻也可能会对张浚好佛"无如之何"，因为"渠家好佛"导致他几乎迷路，这个后果，想来是让张栻不愿承担的。现在，他需要在胡宏面前，表白自己专心儒门，一意拒佛的态度。

算起来，这是张栻第四次拜倒在胡宏座下了。事不过三，可这样的贤明师尊，再拜百次又如何呢？

"前次来，让尔思'忠清未得为仁'之理，可有领悟？"胡先生问。

"圣人早有分教，令尹子虽忠诚、陈文子虽清高，但皆未得仁之至高标准。窃以为，仁存于我心，我之举心动念，一言一行，当力求人格完善，修得人成。'人'之既成，则得为仁之理；

'人'之不成，则为仁之理未得。"张栻恭敬答道。

胡宏掩饰不住自己的欣喜，此刻，他已决意将此子纳入门下，于是忙俯身挽起张栻，温言道："此说甚善。今日始，尔即来学，湖湘之学宏大，有赖于尔了。"

四、江淮军幕

如果说30岁前，是张栻人生的春天，那么，从30岁开始，他的人生不得不依序进入酷烈的夏天和萧瑟的秋天。

隆兴元年（公元1163年），高宗内禅，称太上皇。孝宗赵眘即位，对张浚张栻父子寄望非常。行在奏对时，张栻以理学奥义劝孝宗"振之"："陛下上念宗社之仇耻，下悯中原之涂炭，惕然于中而思有以振之。臣谓此心之发，即天理之所存也，诚愿益加省察，稽古亲贤以自辅，无使其或少息也。则不惟今日之功可以必成，而千古因循之弊亦庶乎其可革也。"

赵眘和张栻年相仿佛（赵眘大张栻5岁），颇思一番作为，张栻这番话正好说到他心坎上，君臣之契，便在这次召对后达成。很快，孝宗起用以张浚为首的主战派，谋划北伐大业。张栻虽未参加科试，未得功名，但孝宗让他荫张浚之功补承务郎，辟宣抚使都督府书写机宜文字，除直秘阁。

应该说，对张栻的安排，孝宗是颇费苦心的。张浚主持北伐军政大事，身边缺不得一个参赞枢机的秘书人物，在他和大内九重之间及时传报重要军政信息，但这个人物必须要深得双方的信任，又有特别的军事才干和勇气。想来想去，"上阵父子兵"这个祖训还是深为有据。张栻在军前历练，既可参赞枢机，又能得到张浚无条件的信任，还能塞住朝臣尤其是言官"荫功过重"的悠悠之口，可谓一举多得。

张栻也从这个时候，开始留心兵法。《孙子兵法》一书，既是诸子中的重要典籍，读来实用，也是作为儒生经世致用的正途。"盖君子于天下之事，无所不当究，况于兵者，世之兴废、生民之大本存焉，其可忽而不讲哉。"在张栻看来，时局所迫，对兵法的重视显得尤其重要："夷虏盗据神州，有年于兹，国家

道光洗墨池刊本书影。据岳麓书社《张栻集》

仇耻未雪……然则于是书其又可以忽而不讲哉？”

为岳飞平反传递出的信号是明显的。很快，这一年的四月，孝宗下决心对金国用兵，他径直绕过三省与枢密院，直接向枢密使、都督江淮军马张浚和诸将下达了“隆兴北伐”的诏令。张浚统兵8万，以号称20万的威势，一路由大将李显忠取河南灵璧，一路由大将邵宏渊取安徽虹县。

李显忠部很快攻取灵璧，并派灵璧降卒到虹县劝降。其时，邵部久攻虹县不下，李部劝降一到，虹县守将即刻瓦解，但邵宏渊却以虹县战功不出于己部而与李显忠生隙。在攻克宿州后，两部矛盾进一步激化。论军功，孝宗升李显忠为淮南、京东、河北招抚使，邵宏渊为副使。邵宏渊耻居李下，向张浚表示拒绝接受李的节制。

如果此时张浚意识到大将不和的危害性，果断处理邵宏渊，给李显忠另派副使，或者如他当年果断处理悍将曲端一样，那么，“隆兴北伐”乃至整个南宋的政治局面都将可能改写。

但是，历史没有假设。张浚对邵宏渊的姑息迁就，为后来的“符离大败”留下了祸根。五月二十日，金将纥石烈志宁兵围宿州治所符离，李显忠力战不屈。金兵又迅速增兵围城，情势危急之下，李显忠不得不向邵宏渊部求援。邵宏渊非但不支援，反而军前调侃：“当此盛夏，摇扇于清凉犹不堪，况烈日中被甲苦战乎？”军心由此动摇。李显忠部独立支撑苦战到二十二日，知事不可为，乃于当夜放弃守城，从北城撤出。金军乘势追击，宋军大溃，宿州再次失守，为期十八天的"隆兴北伐"也以失败告终。

符离之溃使主和派找到了攻击主战派的理由，和战局面由此改变。隆兴二年（公元1164年）八月，忧辱成疾的张浚知大限将至，便在清音堂手书家事，交代与张栻兄弟。二十八日夜分，张浚满怀不能恢复中原的遗憾去世。去前，他对张栻兄弟说："吾尝相国家，不能恢复中原，雪祖宗之耻，不欲归葬先人墓左。即死，葬我衡山下足矣。"

身在军幕，张栻在父亲张浚和孝宗之间有单线传要情的特殊使命，但他仍然无法改变"隆兴北伐"的结局。归葬父亲后，张栻对北伐失败的原因做了冷静思考，其中一些问题，不得不指向孝宗："向来朝廷虽亦尝兴缟素之师，然玉帛之使，未尝不行乎期间，是以讲和之念未忘于胸中，而至诚恻怛之心无以感格乎天人之际，此所以事屡败而功不成也。"在他看来，既然兴兵，就不该再存和谈之想，决心既下，就应该"无纤芥之惑。然后明诏中外，公行赏罚，以快军民之愤。则人心悦，士气充，而敌不难却矣"。

然而，他的这一番赤诚之见，并未改变孝宗主张和议的决定，结果自然是："疏入，不报。"或许张栻对孝宗战和无常的批评让孝宗大为恼怒。沉默，是孝宗作为皇帝的权力，也是他不得不为之的选择。

父亲言传身教与功名庇荫的31年就此过去了，张栻从父亲的背后，从此走上历史与时代的前台。父亲埋骨的衡山之下，冥冥中还要眷顾他，开启属于他衡山之上的万古盛名。

五、岳麓会讲

张栻的军事才能，在"隆兴北伐"中没有得到充分展示，但在随后破李金领导的农民军起义中，却发挥了积极的作用。

隆兴二年（公元1164年）冬，湖南郴州宜章弓手李金因反对地方苛敛，乘众怒发动和组织广大农民起义，很快攻入广东英德、韶州、连州、德庆、肇庆诸州府；往西夺取广西梧、贺二州，次年五月，攻克郴州。朝廷派刘珙为湖南安抚使，专事镇压李金起义。受胡宏的举荐，刘珙向张栻请教破李金之策。张栻为之筹策，一面传檄两广，扼关守寨，征调湖北京西制置使沈介的援兵，一面对义军进行分化和瓦解。八月，李金因部下曹彦叛变而遇害，起义军遂告破。

刘珙感于张栻之才，遂在平息李金起义之后，修葺岳麓书院，延请张栻为书院山长。当时，张栻在长沙与"湘中二三学者，时过讲论，同志之友，自远而至……"与诸学友过从讲习，同时，认真领悟先生胡宏的著作《知言》，成《胡子知言序》，并开始《二程粹言》的写作。

对于刘珙的投桃报李，张栻是心存感激的，但他并没有答应刘珙的"山长"之请，他的理由是"先师胡宏所不得为"。他逊谢岳麓书院山长，表现出了作为一个学术宗师的谦逊品格。

书院教学何为？这是张栻首要考虑的。在《重修岳麓书院记》中，他指出了岳麓书院重建授徒的目的："岂特使子群居佚谭，但为决科利禄计乎？抑岂使子习为言语文词之工而已乎？盖欲成就人才，以传斯道而济斯民。"又之，"学者潜心孔孟，必求门而入，愚以为莫先于明义利之辨"。义利之辨具有很强的当代启发作用。他在继承孔孟义利观的基础上，就道德标准与物质利益的关系提出了自己的新见解。

张栻传道济民的观点，也可以理解为"素质教育"思想在南宋早期的萌芽。从他自身的学习、读书实践来看，他觉得读书和学习提高，是自我实现的需要，反对单纯为科举而读书，几百年之后，马斯洛才提到了自我实现需要这个理论，殊不知，早在他之前几百年，中国教育家张栻就已经在实践了。圣人发机，往往先于常人导寻。在他所处的时代，能有这样的思想，便见出他思想先念的伟大之处。

早在隆兴元年（公元 1163 年）十月，张栻就和朱熹在行在相互见面认识，次年九月，朱熹千里迢迢赶到豫章，登舟哭祭张浚亡灵。这是朱张之间的第二次见面，这次见面，他们畅谈了 3 天，相互引为究理探学的知己。此后，他们便常常书信往还，探讨学问，辩论是非。朱张相交的 10 多年间，两人书信往还超过一百通，是张栻师友中书信往还最多者。

有感于书信交流学问的不够畅快、效率低下，加之两人都有建立理学思想体系的想法，于是见面会讲便成为两人共同的意愿。其时，岳麓书院重建新开，张栻声誉与名望日隆，朱熹遂决定主动前往，会讲之余，一并作南岳之游。

乾道三年（公元1167年）八月下旬，朱熹在弟子范伯崇、林择之的陪同下，从福建崇安启程前往长沙。在途半月余，于九月八日抵达长沙，受到张栻及一众弟子的热烈欢迎。

朱熹在长沙待了两个多月时间，与张栻就双方关切的学术问题进行了热烈的讨论，有些问题是两人书信往返中未能畅达者，有些问题是临场激发，论之再四者。朱熹弟子范林二人和张栻岳麓书院、城南书院的弟子环列在两位大儒的周围，以旁听，以见证，以观察，场面宏大，为岳麓书院以来最盛，而那些闻风而来的读书人，以围观，以听讲，以求师，虽然目的各有不同，但显然都被这场大师级的对话所吸引。

从后来的史料记载，我们可以想象两个大宗师会讲的场景：一时舆马之众，饮池水立涸。范伯崇更是记录说："二先生论《中庸》之义，三日夜而不能合。"那么，这场轰动中国思想界的会讲究竟讲了哪些内容，朱张之间，又有着怎样不同的学理分歧？由于没有具体的记载，会讲的详细内容今天已经不可考，我们只能通过详细考察主讲者及其弟子、听讲者当时及以后的一些文字言论来分析。通过分析，我们知道，朱张会讲，大体讨论了中和说、太极说、知行说、仁说、察识持养说等学说，涉及理学思想及教育思想等许多重要问题。

中和说关注人的先天本体和后天道德心理的"已发未发"问题。由于朱张二人的理学传承来自不同的宗脉和学派，因此，"已发未发"问题便成为两人争论最多的问题。张栻主张"动中见静"，朱熹主张"静中见动"。前者强调在处事应物的活动中体认，实现这个纯静的超越性本体；后者则要求"默坐澄心，体认天理"，即在经验心理"未发"时体认这个先天本体。论辩中，两人互不相让，争欲说服对方。在来者朱熹的角度，显然有对张栻及其主持的岳麓书院"踢馆"的命意，但张栻维护自己的学说思想及其先师胡宏开其宗派的湖湘学派尊严，自然也是寸步不让，是以会讲虽是摇唇动舌，但实质也是剑拔弩张。

没有扩音器，圣人的声音再宏敞，也不能让所有的人都听得明明白白。朱张二人的反复论辩，不是刻意的儒门仪轨，更像是他们给予士子们的课业复习，显示了循循善诱、诲人不倦的崇高师德。咳唾遗珠，风仪想见，流水一般循环往复的士子们，未纳分毫礼金，便得以分享了这场旷世难遇的思想盛宴，使后人思之，无不追慕再三、歆羡再四。

然而，我明白，比起明码标价的束脩来，作为会讲的旁听者，自身的学问和道德标尺，才是朱张最为看重的人格高度。

岳麓书院太高，台阶太多，标尺之下的人，还是不要知难而上吧。

会讲之暇，他们还相约游览南岳衡山，相互作诗唱酬，张栻得诗149首。但他对这一倾盖交唱似乎并未感到自豪，反而隐隐存忧。他认为自己"荒于诗"，是丧志之举。"大抵事无大小美恶，流而不返，皆足以丧志。"于是他们商量"翼日当止"，"盖是后事虽有可歌者，亦不复见于诗也"。

呜呼，南轩惜诗如此，我当为诗运一叹；南轩自律如此，我又当为天性一歌。

这次会讲之后的岳麓书院和湖湘学派，因张栻而名动天下。元代理学家吴澄说："自此之后，岳麓之为书院，非前之岳麓矣，地以人而重也。"可为知言。

但张栻依然是谦逊而低调的，或者，他仍然是寂寞的。在他身后，世人多见朱夫子，而少提张夫子。张栻纯儒，不善于养生，以致其道早衰，其名寂寞。杨万里在《寄题张钦夫春风楼》中，感叹他"独立春风望洙泗"，有"四海无人万古空"的寂寞，真不枉张栻和他知音一场。

六、静江晚唱

孝宗赵昚在位的20多年对张栻是莫失莫忘、信任有加的。

当然不仅仅因为他是相国重臣张浚之子，更多的是，源于当年的君臣之契，源于对张浚张栻父子主战未能、反施和议之策的愧疚，更源于张栻确有经纬国家的才能。

刘珙去世前，曾多次向孝宗举荐张栻，谓其学行才能及破贼功，应亟召用。乾道五年（公元1169年），孝宗始起用张栻，外放历练，先除知抚州，旋改为知严州，短暂任职后，召为尚书吏部员外郎，旋兼侍讲，除左司员外郎。在朝中，他反对使用史正志为发运使，因为史巧为名色，榨取于民，容易引起老百姓对朝廷的怨气；反对勋贵张说签书枢密院事，在朝堂上公然面责宰相虞允文。因为他的激烈反对，史正志和张说的任命最终都没有实现。

对权奸，他不假辞色。有一回，他路遇靠潜邸旧人而上位的奸臣曾觌，曾觌举手欲揖，张栻直接把车轿的窗棂关上，搞得曾觌的手上也不是下也不是。虽然很得孝宗信任，但是他从不揣测上意，君前奏对但凭本心。《续资治通鉴》记录说：公每进对，必自盟于心，不以人主意向辄有所随顺。开经筵，他讲《诗经·葛覃》，以劝孝宗实施德政教化，提醒他不要兴利扰民。不期一年，孝宗召对六七次之多，由此让近臣不安，他们合中外之力排挤，意欲将他赶出朝堂，外放地方。

小人合力之后，忠臣贬逐的政治目的总是容易达到，其间的势力平衡和政治妥协之道，或许孝宗自能明其真昧。淳熙二年（公元 1175 年），张栻以知静江府（今桂林）经略安抚广南西路，开始了为官一任、造福地方的从政实践。这一年，张栻已 43 岁。

他不知道，他生命的旅程，即将走向尽头。

到桂林后，张栻见官舍原名"缓带"，为提醒自己勤勉政事，他果断将其改为"无倦"。当时的广南西路及静江府，尚是边蛮荒地，人民普遍缺乏中原礼仪教化。张栻到任后，从其理学家的文教功能教化边民入手，做了大量有益地方的工作。立盐法、简州兵、抚峒丁、改马政、劝农桑、建贤祠、兴州学……不到3年的任期，政绩突出，教化明显，社会风气为之一新。

张栻从政，特别注意将经世致用的思想，贯穿于地方繁杂的政务之中，凡是讲求实事求是，强调躬行践履，反对虚无的空谈。"圣门实学，贵于践履，隐微之际，无非真实。"具体实践中，针对横山地区马政的诸多弊端，他向朝廷提出了数十条对策，经朝廷同意后，改革马政，既让朝廷买到良马，百姓的利益也得到了根本的保障。

对于地方因教化未到存在的陋习，他也坚决予以纠正。"刑狱使者陆济之子，弃家为浮屠，闻父死不奔丧，为移诸路执拘，

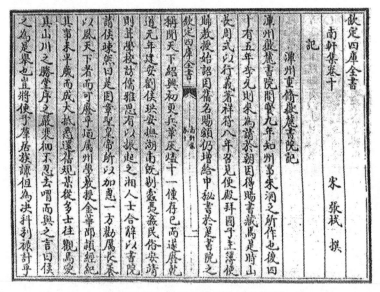

四库全书影印。据岳麓书社《张栻集》

以付其家。"这个不孝子，父亲死了都不奔丧，张栻实在看不过去，就让兵士把他押回家。这是他在桂林教化边民的一个生动的例子，和王阳明在杭州虎跑寺喊醒那个"不言不语静坐三年，家中老母强作不想"的和尚有异曲同工之妙。

当地习俗尚仇杀争斗，边民相互掠夺时有发生。许多百姓愚昧无知，有病时不吃药，宁愿听信巫师装神弄鬼、搬弄邪说……张栻都希望主张通过教化进行移风易俗。为此，他在静江府开展了一系列文教活动，树立、彰显儒家正统思想，在虞山重修虞帝庙成为他抓的其中大事。

在重修虞帝庙前，他还公祭舜庙，将原来舜庙堂庑有的唐武后像投于庙前江中。虞帝庙重修后，张栻请朱熹撰写碑记，申明自己借虞帝庙弘扬纲常礼仪，发扬光大儒家传统的思想，并择吉日，在静江府老百姓和属僚的共同见证下，到虞帝庙拜谒，举行三献成礼仪式。静江府的老百姓也从这一庄严的庙宇及仪式中，感受到了千古虞帝如云行雨布的厚德。如此种种，对广南西路及静江府边民的教化确乎收到了润物无声之效。也难怪，当他去世的消息传到静江府后，老百姓为之哀哭不已。

七、江陵谢幕

淳熙五年（公元1178年），张栻儿子张焯因肺炎去世，年且不足30，这是对张栻又一次严重的精神打击。

不久，张栻除湖北路转运副使，改知江陵府（今湖北荆州），安抚本路。

道经澧县的时候，当地的十多个士子拿着文书在郊外相迎。张栻开始非常高兴，在马上向他们作揖回礼。但是当他拿过文书看后，就气不打一处来，原来士子们所拿的公文，乃是对刘郡守政绩歌功颂德的文章。他把文书扔在地上，对士子们说：我原以为你们是来和我讲切义理之是非，告知闾阎的利病，实则不然，不过是被十只冷馒头使。于是骑着马径直走了。

为政在实，他是反对那些不良的官僚习气的。无论在静江府，还是江陵府，他都以自己理学家的较真精神，对官场上的那些形式主义、官僚主义、享乐主义和奢靡之风，予以纠偏。他在地方从政时间不长，却一以贯之地反四风，坚持躬行实践，这是他政治思想中最具有时代精神的集中反映。

严缉捕、整军政、斩奸盗、缚北虏，一系列在江陵府的施政组合拳打出去之后，这一年的十一月，他病倒了，而且，来势汹汹。

其实，早在他42岁时，就已显示出病象。在《寄吕伯恭书》（吕伯恭即东南三贤之一的吕祖谦）中，他说：某前月半间积寒成疾，势极危。一夕气复，盖服热剂灼艾之力，今幸已复常。病中念平日颇恃差壮，嗜欲少，故饮食起居多不戒生冷，不避风寒，此亦是自轻。观乡党中圣人卫生之严，岂是自私？盖理合如是耳。寻常忽略，亦是豪气中病痛也。

圣人为天下爱惜身体，不能算是自私，这算是他衰病晚年的一个心得吧。只是，这样的自我检讨还是迟了一些。到了他47岁知江陵府的时候，这病就越发严重了，宋人笔记《养疴漫笔》记载说：张南轩晚得奇疾，虚阳不秘，踰年卒。

在明知病重不起的情况下，张栻仍然心系朝廷："亟犹手书，劝上亲君子，远小人，信任防一己之偏，好恶公天下之理，以清四海，克固丕图。"赵昚不忘当年的君臣之契，始终对张栻的建言重视践履，执政晚年政治清明，民和俗静，出现了天下康宁的升平景象，成就了历史上的"乾淳之治"，使羸弱偏安的南宋朝廷有了一段难得的中兴气象，这其中，应有张栻作为理学家的政治建言之功。

二月初二日，张栻病危。追随他甚久的学生吴伦侍候在侧，左右扶掖，问他还有什么遗命，张栻说："蝉蜕人欲之私，春融天理之妙。"遂坐逝。

张栻灵柩出江陵时，江陵老稚挽车号恸，数十里不绝，四方贤士泣涕相吊。朱子闻讣，罢宴大哭，并寄书吕伯恭曰："吾道之衰，乃至于此。且不惟吾道之衰，于当世亦大有厉害也！"诚为肺腑之痛语。

朱子之痛，确乎不是装样子给人看，他是真心为张栻的去世痛惜的。朱熹自己也承认，"使敬夫不死，则其学之所至，言之所及，又岂予只所得而知哉。"

使张栻与朱熹同寿，则南宋及后来的理学发展将是另外一番面貌。而我也相信，他们的友谊不会因谁高谁低而翻覆。原因何在？寂寞高手，他们太需要一个可以说得上话的人了。

四海无人对夕阳，这是朱熹的悲哀，不是张栻的悲哀。我现在常常这样想。

数百年后，弟子问王阳明临终遗言，王阳明说："此心光明，夫复何憾。"后人以为心学圭臬。然而，张栻的临终遗言，却绝少有人念及，而若论及其理学精要，更无人能阐明一二。

万古有长夜，圣人不寂寞。张栻这句临终遗言，和作为后来者王阳明的遗言心同理同，既是一生学问的归纳，也是理学方向的示喻，它们在时空的长河里始终发光，并始终保持人性的温热，让后来每一个念起的人，都会感到一种被善护的暖意。

八、青峰埋骨

湖南宁乡九曲峰下，有一马蹄状小山，当地人称为罗带山。山之东西两侧，依偎分布着张栻和他的父亲张浚的墓。舍故里而葬他乡，张栻追随父亲，以此示报国大志未酬之痛。于是千里之遥，故里绵竹，只好借助于魂魄回归了。

如今，张栻墓前，已然大树冠盖，林荫蔽日。张栻生时，好易学的父亲张浚为他取名栻，希望他把握自己命运的星盘，但张栻却坚持自己的主张，长成了古书上那棵风姿秀挺的大树。他成为宗师的湖湘学派，又因为魏了翁的私淑，以及宇文挺臣、陈概、"二江九先生"等蜀地主力学者群的传续，成为影响蜀学数百年的学术洪流。

一代宗师，大树冠盖，他确乎按照自己的意志，活出了"栻"的样子，并和苏轼一起，一先一后，成为蜀学"示范"。后人为其请谥，以"善闻周达曰宣"，得为"宣"，由是世称张宣公。

后世评宣公最准确的，首推元代诗人方回："南轩以魏国忠献公（张浚）为之父，以胡文定五峰为之师，以晦庵（朱熹字晦庵）、东莱（吕祖谦）为之友，而又取诸古人。其修身也，期以颜子为准的，著《希颜录》；其治世也，欲以孔明为准的，著《诸葛》。上下古今，内外体用，学莫不得其要以守之，其亲切可蹊见者盖如此。"

清人全祖望则说："宣公身后，湖湘弟子有从止斋、岷隐游者，如彭忠肃公之节概，二游、文清、庄简公之德器，以至胡盘谷辈，岳麓之巨子也。再传而得漫塘（刘宰）、实斋（王遂），谁谓张氏之学弱于朱子乎！"

尾声

2020 年 6 月 19 日，我驱车来到绵竹南轩中学，在张栻全身像前，我看着他腰间那把尚未出鞘的剑，为他未能沙场点将、为国雪耻而深深惋惜；我又看着他手中那部打开的经卷，为他遗佚的《经世纪年》等文献而遗憾叹惋。距今 887 岁的南轩先生，看着眼前这片早已沧海桑田的故土，炯炯有神的双眼从未游弋转向，自 5 岁阆州辞别、24 岁扶祖母灵柩归里后，他已经有 864 年没有看过这片多情的故土了。

他是看不够的。

现在，他站在这里，可以与故土永恒相望了。

朗朗诵读声从教室里传来，那是他在这世间听到的最动听的声音。

"金马碧鸡"迷局

公元前61年三月，汉宣帝改元神爵，以纪念神爵翔集的祥瑞。神爵，即神雀也，是一种瑞鸟。《汉书·宣帝纪》：前年夏，神爵集雍。

神爵之后，接着又是金马碧鸡。据《资治通鉴》卷第二十六载：闻益州有金马、碧鸡之神，可醮祭而致，于是遣谏议大夫蜀郡王褒使持节而求之。

此前，王褒得益州刺史王襄的举荐，作为"文学待诏"，为雅好文学与音乐的汉宣帝写下了《圣主得贤臣颂》《甘泉赋》等名篇，展示了自己非同一般的文学才华，并受到宣帝的赏识，诏令擢拔其为谏议大夫。

益州有金马碧鸡之神的消息传来，让宣帝这个中兴之主异常高兴，他自然想到了王褒，派他作为使节迎请金马碧鸡，当是最合适不过的事了。

辗转从今天的资阳，费尽千辛万苦到达京城的王褒，不得不领命前往益州，去完成这件皇帝交办的神圣使命，出发的那一刻，他不会想到，自己不仅完不成使命，更病死在迎请金马碧鸡之神的道上。一代辞赋大家的命运终局，实在令人怜悯。

王褒的使命

汉时益州郡和越嶲郡均为益州刺史部所辖，《资治通鉴》所记"闻益州有金马、碧鸡之神"，没有明确说是益州郡还是益州刺史部，不过从地方奏报祥瑞的层级来说，应以益州刺史部为妥，因此，朝廷和后来的史官所记"闻益州"当是"益州刺史部"的笼统概念。

益州郡凡24县，主要为今云南省的大部分区域，郡治在滇池县（今晋宁县境），与后来的益州行政区划差异甚大。按照《资治通鉴》的注释和《后汉志》的记载："金马碧鸡"之神的具体地方，在益州刺史部的"越嶲郡蜻蛉县禹同山"。写《史记会注》的三国曹魏人如淳曰：金形似马，碧形似鸡。而《水经注》的记载，也和《资治通鉴》的注释相吻合：禹同山神有金马、碧鸡，光景倏忽，民多见之。

蜻蛉县禹同山究竟在哪里呢？按照云南籍作家米切若张的考证，即今云南大姚县紫丘山。蜻蛉县本由云南氏族部落"蜻蛉蛮"演变而来，汉武帝元鼎六年（公元前111年）设置，是越嶲郡所辖十五县之一。以当时益州刺史部所辖和随后王褒的长途持节最后病死途中的状况来分析，此说颇为有据。

　　王褒是从他的家乡出发还是从成都出发的呢？他有没有带上那个叫"便了"的童仆？没有可信的史料，我们只能靠猜测和想象，王褒的持节迎请金马碧鸡之神的旅途，一定非常艰辛。以今日成都到姚安近800公里的路况，在汉时至少要走上一个月，加之当时的蜻蛉县属于蛮荒之地，汉朝统治之后，诸蛮不断有叛乱。军事因素加上地理因素，王褒这趟皇差注定是荆棘载途，刀兵满路。由于水土不服，王褒可能在路上就生病了。晚近学人、书法家赵藩在今昆明西山华亭寺题有一联，上联为："谁见碧鸡，玉韫山辉，望祀高文传汉使"，对王褒"阻于道"的境遇颇多哀悯，对汉宣帝迎求金马碧鸡之神的举措也充满善意的批评。

　　民间广泛流传一种说法，王褒大约走到建宁郡（今西昌境内），即因战争原因不能再前行，为了完成使命，他不得不借助于自己的文学才华，希望以一篇《碧鸡颂》而能让金马碧鸡之神得到感应，随他"归兮翔兮"。

　　这当然是一厢情愿之举。王褒后来病死于迎请金马碧鸡之神的路上，时年40岁。《汉书》卷六十四下《王褒传》："褒于道病死，上悯惜之。"

　　这篇《碧鸡颂》（也称《移金马碧鸡文》）有幸流传下来了，据说王褒当时写成此文后，遥望蜻蛉方向而祭拜，以表示敬移"金碧"之意：持节使王褒，遥拜南崖，敬移金精神马、缥碧之鸡，处南之荒，深溪回谷，非土之乡。归来归来，汉德无疆，广乎唐虞，泽配三皇。黄龙见兮白虎仁，归来归来，可以为伦。

归兮翔兮，何事南荒。

　　然此文的真实性也值得怀疑。成都学者赵仁春认为：《汉书·王褒传》没有说王褒是去的途中还是回来的途中去世的，此文又出现得晚，所以，其真实性值得怀疑。如《成都城坊古迹考》第三百六十二页直接说："至于后世相传的祭文，乃伪托者。"但王褒此文《汉魏六朝百三名家集》之《王褒集》均有载，怀疑是后人伪托，也只能是姑且一说。

汉代祥瑞报告制度

　　其实，金马碧鸡之神，只是一个并不存在的传说，是地方官员用来讨好皇帝及其帝国的祥瑞心态而编造（制造）出来的。一个根本不存在的神，结果当然是永远的求而不得。

汉代画像中的祥瑞动物

　　方士的影响，地方官员的讨好，助长了宣帝的孜孜以求，最后推动了王褒的持节迎请，帝国上下搬演的这么一场闹剧，在今天看来不过一个笑话，但是在当时，却是一项晓喻全国并上下乐意通行的制度。

　　基于"奏报各种吉凶之兆是基于天意的古老伦理"，祥瑞意识虽然起源很早，但到了汉代才和政治行为有了联系。作为汉代儒家思想体系的一个组成部分，祥瑞思想在汉代经过理论化和体系化逐渐形成了一套比较严密的学说，得到了政府的肯定和推崇，因此，即便在《资治通鉴》这样严肃的官方史著里，也能处处留下很多发现祥瑞、皇帝大赦天下的记录。（《汉代祥瑞研究》，马剑斌，厦门大学，2006）人们通常认为，董仲舒在《春秋繁露》一书中就提到了这样的祥瑞，如景星、黄龙、甘露（公元前53年即为了证明祥瑞的真实发生而改元为"甘露"）、朱草、醴泉、嘉禾、狱空、凤凰和麒麟。"有关汉代的三部史书《史记》《汉书》和《后汉书》在专门论述天文和五行的内容中都有报告并解释这些征兆的记录。"

　　按上引《汉代祥瑞研究》，汉代是祥瑞思想在中国历史上是最为繁盛的时期，祥瑞种类繁多、分门别类、各成系统。《前汉纪·序》为此开列如下："凡祥瑞，黄龙见，凤凰集，麒麟臻，神马出，神鸟翔，神雀集，白虎仁兽获，宝鼎升，宝磬神光见，山称万岁，甘露降，芝草生，嘉禾茂，玄稷降，醴泉涌，木连理。"大体可以分为动物、植物、器物以及各类天文地理现象四大类。

"祥瑞被写入诗文中庆贺，并通过典礼来赞颂宫廷的壮丽与雄伟。"尽管"已经有很多人怀疑这些迹象是因政治目的而制造出来的"，但因为祥瑞出现对皇帝往往意味着德政感天，官员和百姓也能从中得到各种赏赐，所以，地方乐于也勤于向朝廷报告发现祥瑞的情况，以得到朝廷的赏赐。如宣帝五凤二年（公元前56年）：

前者，凤凰甘露降集，甘泉涌流，枯木逢春，神光并见，俱受祯祥，宜赦天下，减民赋算三十钱。赏赐各侯王、丞相、将军、列侯、中二千石金钱各有差等。赐百姓爵一级，赐女子每百户牛酒若干，赐鳏寡孤独高年布帛若干。

由此，帝国上下都希望祥瑞真实存在，地方当然更乐意于及时报告新近发生的祥瑞，而即便这样的祥瑞并没有发生，有时候也不免制造一些祥瑞出来，讨巧讨好，即使这些祥瑞最后并无人证物证、不了了之，也不会被认真追究。

王褒所迎请的"金马碧鸡之神"，按大的分类，属动物类。分开来看，"金马"属于兽类，而"碧鸡"则属于禽类。在马剑斌的《汉代祥瑞研究》所列具体的四大分类里，并没有看到明确指称的"金马"和"碧鸡"，但有"龙马""天马""白马"和"白雉""凤凰"等，其分类近似。根据《汉代祥瑞研究》一文附录的图版，证明汉代时人们对这些祥瑞不仅出于想象，还有具体的形象勾勒，以表示它们的真实存在，这当然是艺术的想象和加工的结果。

金马碧鸡的文化嫁接

上文论述报告发现"金马碧鸡之神"祥瑞及王褒迎请的地方在汉时的越嶲郡蜻蛉县，即今天的大姚县。但今天标以"金马""碧鸡"之类的地名，除了大姚有金碧镇和作为"金马碧鸡"发源地的赵家店镇之外，川滇两地还有很多，最有名的当然是作为名胜古迹的昆明金马碧鸡坊以及成都望江楼公园的碧鸡坊和彭州

云南昆明的金马碧鸡坊

市丽春镇碧鸡村作为碧鸡神祠遗存的武显寺。

那么，金马碧鸡准确属地究竟在哪里呢？我们该如何理解认识这些"金马碧鸡"的历史遗存？

先来看大姚县这个发源地。大姚金碧镇系"金马碧鸡"之简称，其名源于城东20公里的禹同山（今紫丘山），相传在西汉时曾出现"金马""碧鸡"的山光景色印象，金碧镇因此而得名。而赵家店镇禹同山则被大姚人认为是"金马碧鸡"幻影初现地。

大姚离昆明270多公里，"金马碧鸡"又是如何从大姚飞入昆明，并在昆明长期驻留和文化固化的呢？

米张若切认为：金马碧鸡从汉代的祥瑞发展为后代的一种文化，经过文字的搭配，飞出了大姚的禹同山，昆明的金马碧鸡坊，相当大一部分就是文化陪嫁的结果。

文化陪嫁之外，还跟唐代历史上云南政治、文化中心东移昆明不无关系。

昆明金马碧鸡坊上的金马木雕

"公元765年，南诏王阁罗凤派其子凤伽异，在昆明筑拓东城。随之，云南政治、文化中心逐渐东移昆明。从洱海到滇池，南诏王阁罗凤、凤伽异父子从必经之地姚州带走金马碧鸡，有意无意之间完成了王褒未尽的使命，金马碧鸡于是从滇中嫁移昆明，从此，金马碧鸡与滇池海枯石烂，不离不弃了。"

南诏王阁罗凤、凤伽异父子是聪明人，大姚的"金马碧鸡"幻影是带不走的，但可以将其文化符号化并为政治教化服务，王褒迫于皇差的庄严压力，缺乏这样的灵活应变，所以无功而送命，实在也是时代的悲剧。

成书于明朝景泰六年（公元 1455 年）的《云南图经志书》是由时任云南布政司右布政使陈文编撰的，后来直送朝廷，其中的卷一《山川》提到了"金马山"和"碧鸡关"。以陈文作为史家的权威性和《云南图经志书》的影响，"金马碧鸡"得以进一步坐实在昆明。

昆明金马碧鸡坊上的碧鸡木雕

因大议礼之争而贬至云南的成都著名文人杨慎对于金马碧鸡在昆明的文化固化也有功绩：在滇期间，杨慎移王褒的金马碧鸡文于昆明西山石崖之上，且题字如下："爰纠汉字，用彪汉词，滇之文献，尚考于斯。"意思是，这就是金马碧鸡之神在昆明最早的文献。

　　杨慎的题字掩饰不住自己对昆明的喜爱，却忽略了成都才是金马碧鸡神的传奇起点。好在陈文的《云南图经志书》里，留下了另一个有意思的线索："褒至蜀，惮其路遥，望而祭之，故今成都亦有'金马''碧鸡'二坊，盖诸本此也。"

　　成都的碧鸡坊、金马坊，最早见于记录是李膺的《益州记》："古时成都之坊百有二十，第四曰碧鸡坊。"此名之设置，显然与唐时纪念王褒寻金马碧鸡之事迹相关，但具体位置在哪里，文献记录有差异。按杜甫《西郊》诗"时出碧鸡坊，西郊向草堂"所云，其位置当在成都西郊靠近浣花溪。从黄庭坚《老杜浣花溪图引》前四句："拾遗流落锦官城，故人作尹眼为青。碧鸡坊西结茅屋，百花潭水灈冠缨。"可推碧鸡坊在今百花潭公园区域。稍晚的范成大在《醉落魄·海棠》中如是记录："碧鸡坊里花如屋。燕王宫下花成谷。不须悔唱关山曲。只为海棠，也合来西蜀。"可证杜黄诗证无误。

　　传薛涛曾住碧鸡坊，今望江楼公园吟诗楼有碧鸡园，当为纪念女校书而名。南宋蜀人王灼在他的词曲评论笔记《碧鸡漫志》序里提到的碧鸡坊，也可对应佐证范成大所记的可靠性："乙丑冬，予客寄成都之碧鸡坊妙胜院，自夏涉秋，与王和先、张齐望所居甚近，皆有声妓，日置酒相乐，予亦往来两家不厌也。尝作诗云：王家二琼芙蕖妖，张家阿倩海棠魄……"从张家的海棠之盛，可以对证范成大的"碧鸡坊里花如屋"。

　　如此，成都碧鸡坊的具体位置不难勾勒，即今天的百花潭公园一带。一说在今成都东胜街，两地相近，可以确证今天望江楼公园的碧鸡坊不是唐时成都碧鸡坊旧址。

寡妇杨惠

寡妇杨惠在金马碧鸡之神的历史里扮演着一个非常重要的角色。按王褒那篇《僮约》所记，这个风情万种的寡妇可能并不只是一个传说，而是真实存在的人物。王褒被益州刺史王襄赏识并在成都做客流连的时间里，可能就和寡妇杨惠认识并好上了。在他那篇著名的《僮约》里，开篇点到了杨惠所居之地：以事到湔……从成都安志里女子杨惠……

"湔"是都江堰的古称。安志里在西汉时属成都县辖，《蜀中广记》卷五十一说该地明代为温江东八里。按今日温江、郫都、彭州、崇州、都江堰行政区划，五地在历史上多有分合，你中有我，我中有你，要理出一个清晰的行政区划调整变化线索，实非易事，但王褒与寡妇杨惠的交往却是客观的事实。

王褒奉宣帝命持节迎请金马碧鸡，从成都出发前一定在杨惠家里多有逗留，他的皇差和金马碧鸡的传说在当时的温江民间广为流传，"金马""碧鸡"之名的文化嫁接在这个区域。作家杜荣辉研究认为：王褒是在杨惠家逗留时，写成了《移金马碧鸡文》，并于三渡水江畔遥祭金马碧鸡之神，并没有走到西昌那么远。但王褒在西蜀祭祀金马碧鸡之神的事迹确曾在川西地区广为流传，如嘉庆版《崇宁县志》便有"（王褒）曾到唐昌招告蜀人来归，并作祭金马碧鸡文"的记载。今金马河、温江永盛镇连二里市金马河西岸古渡口的碧鸡台，皆为王褒在温江杨惠处逗留时的文化遗留。

最大的文化遗留是位于今日彭州丽春镇的碧鸡村和武显寺。2018年10月17日，在赵仁春的陪同下，我曾踏勘了碧鸡村及武显寺。此地和郫都区的网红村战旗村一江之隔，与温江、都江堰相邻，与《蜀中广记》所记安志里位于"温江东八里"基本相符，想来杨惠当年所居的安志里便是今日碧鸡村所在区域，而武显寺则是当年的碧鸡神祠无疑。

蜀人李心传所著《建炎以来系年要录》绍兴二十九年（公元1159年）对金马碧鸡神祠有如下记录：是月，名永宁导江县金马碧鸡神祠曰昭应。大意是宋高宗赵构命名金马碧鸡祠为昭应，这可能是温江、都江堰、郫都一带的金马碧鸡祠最早出现在官方文献里。赵仁春认为："永宁导江"应当是"崇宁导江"之误。因"碧鸡祠"分属崇宁县和导江县境内。

明陆应阳所辑《广舆记》中也有相关记载：金马山，在四川成都府崇宁县，上有金马碧鸡神祠。民国《崇宁县志》：碧鸡祠在县北七里，即汉时祀金马碧鸡之神处，今为五显庙。光绪中，昭觉寺方丈欲驻锡于此，大兴庙宇，复署曰碧鸡祠，以志王子渊（王褒字子渊）先生遗迹。

民国时，崇宁县的管辖范围包括今天的郫都区西北部及都江堰市、彭州市部分区域，所以，今彭州丽春镇碧鸡村所在的位置，很大可能就是汉代的安志里。虽然这个金马碧鸡祠究竟建于何时已失考，但可以推断，益州刺史部在王褒死后，为纪念王褒而修建了这座神祠。

追根溯源，今日彭州丽春镇碧鸡村的武显寺，实即王褒去世后所修建的金马碧鸡祠。寡妇杨惠当年对王褒的接纳，除了留下一小部分香艳的民间谈资外，更多是《僮约》和《移金马碧鸡文》这样的千古辞章，以及金马碧鸡祠这个文化遗存。这大约也是王褒自己没有意料得到的吧！

彭州古碧鸡祠的变迁

按照赵仁春多年的研究，他认为成都温郫都彭崇一带实不止

彭州武显寺

一处金马碧鸡祠。据崇宁和灌县两县县志记载，清代金马场和崇宁县都有碧鸡祠。上碧鸡祠在金马场以北童子山，中碧鸡祠在金马场街上，下碧鸡祠在旧崇宁县境内，即今丽春镇碧鸡村武显寺（原又名五显庙者）。可惜上碧鸡祠和中碧鸡祠今天都已经荡然无存，只有下碧鸡祠穿越岁月，得到了有限的烟火保留。

经过漫长的历史变迁，金马碧鸡神祠的祭祀主体不唯是这个虚幻的神灵，而是随着地方社会的宗教信仰的变化而变化，当然，统治者也愿意顺应地方民众的信仰需求，而顺水推舟地赐名赐号。上引《建炎以来系年要录》中关于金马碧鸡神祠赐名昭应即是此中之义。

四川省社科院研究员李远国在《论巴蜀地区的川主、二郎信仰》一文中，对"昭应"的名之得来有充分而令人信服的研究。

彭州武显寺正门

他认为，川主和灌口二郎神在汴京受到崇奉，最初的原因是因为人们祈水疗病，显灵京师。这个信仰从北宋后期一直持续到南宋，赵家皇室也不断给川主和二郎神各种封号，有记录的就有：元祐二年（公元1087年）七月封李冰为"应感公"，崇宁二年

（公元 1103 年）加封"昭惠灵显王"，大观二年（公元 1108 年）封"灵应公"，政和八年（公元 1118 年）八月改封"昭惠灵显真人"，绍兴二十七年（公元 1157 年）九月加封"广佑英惠王"，乾道四年（公元 1169 年）五月加封"昭应灵公"。

由此可知，宋时成都的金马碧鸡神祠，祭祀的已经不是金马碧鸡之神，而是川主李冰和其子二郎。至于后来改五显庙和武显寺，可能都跟出资人以及住持的信仰有关。

云南昆明西山的金马碧鸡遗存，在唐宋时期，其祭祀主体由早期先民自发崇拜的动物神祇变为金马碧鸡拟化的佛教人物阿育王太子，这跟唐代佛教传入云南有很大关系。

今日彭州丽春镇碧鸡村武显寺有三重大殿聚合，大雄宝殿正殿主梁上，可以清晰地看到光绪年间的任持明照禅师和时任川督丁宝桢的捐修题名。这个主梁记录，便将古碧鸡祠的历史有效地联系了起来。

明照禅师即光绪年间昭觉寺的方丈明照通朗，他是古崇宁县

武显寺正殿前盛开的曼陀罗花

人，在当时四川佛教界威望极高。光绪年间，通朗曾回家乡，运用自己在宗教和政界的影响力，重修已经颓败的碧鸡祠，名曰"古碧鸡祠"。

现任住持通僧禅师于2010年驻锡于此，十多年间，他四处化缘，使武显寺的建筑不断扩张延伸。寺内有缅甸商人镌刻的墨金玉石狮子一对及铜雕佛塔一座，是武显寺的镇庙之宝。

在大雄宝殿的一侧，一树曼陀罗花已开到荼蘼。在印度，曼陀罗花被称为天界之花，在佛经中，它是适宜的意

武显寺正殿上的有关记录

思，包含着超然觉悟，并幻化无穷的精神。从可考的存在时间算起，这座古碧鸡祠已经有了近千年历史，沧桑风雨，兴废更替，曼陀罗花成为它遗存至今的最好见证。

（有关文史料据《资治通鉴》《王褒集》《建炎以来系年要录》《宋徽宗》）

宇文恺：长安城的建造者

"三月丁未，诏尚书令杨素、纳言杨达、将作大匠宇文恺营建东京，徙豫州郭下居人以实之。"

宇文恺首次出现在《隋书·帝纪·炀帝上》中，是以将作大匠的身份营建东京（后改东都）洛阳。将作大匠是将作监的长官，负责掌管朝廷宫室修建。那一年，是隋大业元年（公元605年），宇文恺50岁，正当壮年，他早已算得上功成名就。在公元580年，宇文恺就被隋文帝杨坚任命为开府、匠师中大夫，掌城郭、宫室之制及诸器物度量。这个正五品的官职，显然并不是宇文恺看重的，他是建筑科学和工程管理方面的天才，在等待一个让他扬名于世的机会和一个举世无匹的作品。

大兴城，正是宇文恺的机会。

北周贵族

隋唐前后100多年间的宇文家族，在当时是一个门阀贵族，在朝廷握有重权，门下食客无数。在隋朝开国皇帝杨坚取得帝位之前，是北周的丞相，而北周的皇帝就姓宇文，所以宇文氏在朝廷中的地位很高。

很幸运，宇文恺就出生在这样的门阀贵族家庭。含着金钥匙出生的人，即便他还在吃奶，就已经可以称王封公了。《隋书·宇文恺传》记载：（宇文恺）年三岁，赐爵双泉伯，七岁，进封安平郡公，邑二千户。

宇文恺的兄弟"以弓马自达"，但他对打仗骑射却没有多少兴趣，史书说他"独好学，博览书记，解属文，多伎艺，号为名公父子"，尤其对城市规划和建筑设计醉心不已。

等到杨坚践祚登基，这样的幸运就变成了不幸。为了巩固政权，杨坚大肆诛杀宇文家族成员，宇文恺最初自然也在被诛杀之列。或许是感于宇文恺兄宇文忻的拥戴之功，或许杨坚对"少有器局，多伎艺"的宇文恺情有不舍，或许更因为宇文恺家族和北周宇文宗族的不同，杨坚及时终止了对宇文恺的诛杀，派人快马传令赦免了宇文恺。《隋书·宇文恺传》如是记录：使人驰赦之。非常有画面感。

一个伟大的建筑大师就这样被历史留了下来。一念之间，杨坚的善念除了给他短命的王朝留下面子工程需要的宫室之外，还给世界留下了一座气势恢宏的长安城。

营建宗庙

机会很快来到。

杨坚建立隋朝后，急欲建立宗庙。于是他便想起了被自己"驰赦之"的宇文恺。于是一道诏令，起用了宇文恺，并封其为营宗庙副监、太子左庶子。

史书没有记录太多宇文恺修隋宗庙的细节。胡三省在注解《资治通鉴》陈宣帝太建十三年（同时为隋开皇元年）（公元581年）时只做了如下说明：时高祖以下置四亲庙，同殿异室而已，无受命之祧，社稷并列于含光门内之右。于此大体可以看出隋室宗庙的规制。

宗庙建成之后，杨坚封宇文恺为甑山县公（甑山位于今湖北省汉川市东南甑山镇），食邑千户，对他在工程营建方面的能力给予了高度肯定。

修建大兴城

属于宇文恺最大的历史机遇随之而来。

《资治通鉴·陈纪九》之"宣帝太建十四年"：隋主嫌长安城制度狭小，又宫内多妖异。纳言苏威劝帝迁都，帝以初受命，难之；夜，与威及高颎共议。明旦，通直散骑庾季才奏曰：臣仰观乾象，俯察图记，必有迁都之事。且汉营此城，将八百岁，水皆咸卤，不甚宜人。愿陛下协天人之心，为迁都之计。帝愕然，谓颎、威曰：是何神也！太师李穆亦上表请迁都。帝省表曰：天道聪明，已有征应，太师人望，复抗此请；无不可矣。

这一段文字，将苏威、高颎、庾季才、李穆等大臣劝杨坚迁都的过程写得非常详细，其中，既有"城，将八百岁……不甚宜人"的实情，也有作为臣子以天命劝进的虚情。总之，最后杨坚采纳了他们的意见，"诏高颎等创造新都于龙首山，以太子左庶子宇文恺有巧思，领营新都副监"。

这是宇文恺在营建宗庙之后负责的第二个大项目。新都城的营建，史称"制度多出于高颎"，但"凡所规画，皆出于恺"，也就是说，高颎只是名义上的总规划师，真正的规划设计操盘手，还是宇文恺。所以，宋人宋敏求在《长安志》中也如此说："命左仆射高颎总领其事，太子左庶子宇文恺创制规模，将作大匠刘龙、工部尚书巨鹿郡公贺楼（娄）子干、大（太）府少卿尚龙义并充使营建。"

一个好汉三个帮。宇文恺营建新都的工作，得到了刘龙、贺娄子干、尚龙义等人的支持，他们分别负责施工和材料管理、现场监督等事务。

新都城的规划建设吸取了曹魏邺城、北魏洛阳城的规划建设经验，在方整对称的原则下，沿着南北中轴线，将宫城和皇城置于全城的主要位置，郭城则围绕在宫城和皇城的东、西、南三面。分区整齐明确，象征着皇权的威严。在宇文恺的设计下，新都城将宫室、官署区与居住区严格分开，成为古代城市建设中的一大创新。

隋新都从隋开皇二年（公元 582 年）六月开始兴建，至当年十二月基本竣工，次年三月即正式迁入使用，因杨坚曾被封为大兴郡公，遂以"大兴"命名新都。大兴城修建前后仅九个月时间，其建设速度之快令世人惊叹，从中也可想象其耗资浩大，而劳工的投入更是庞大。作为总领事的宇文恺，在隋新都的建设中，在规划、设计、人力、物力的组织和管理方面做出了突出的贡献。都城的建成，标志着当时的中国在城市建设上已经达到了世界领先的水平。

居住区的里坊形态是宇文恺规划设计中的亮点，这也是唐朝将大兴城更名为长安后逐步形成 108 坊的设计基础。除了受先人"九经九纬"、中轴线对称规划设计思想的影响之外，宇文恺显然还考虑到王朝管理的需要：把人们框在一个个格子里，主要便于管理。但宇文恺对居住区的设计也存在一个不足，即规模过度，没有很好地考虑当时社会发展的实际，超越了时代的要求，用今天的话说，就是过度投资和过度建设。其在城南规划建设的无数里坊，终隋朝两代，始终没有多少住户，非常冷落荒凉。宋敏求说：自朱雀门南第六横街以南，率无居人第宅。自兴善寺以南四坊，东西尽郭，虽有居者，烟火不接，耕垦种植，阡陌相连。直到唐朝开元年间，随着长安人口的增加，这些空置的里坊才逐渐有人居住。

尽管如此，大兴城仍然不失为当时世界上设计最精巧、规制最宏大的大城市，宇文恺以其高超的建筑规划设计，为唐朝遗留下了一个万邦来朝的世界之城。宋人吕大防在《隋都城图》题记中，如此称赞大兴城的布局思想：隋氏设都，虽不能尽循先王之法，然畦分棋布，闾巷皆中绳墨，坊有墉，墉有门，逼亡奸伪无所容足。而朝廷官寺，居民市区不复相参，亦一代之精制也。这是后人从建筑规划角度给予宇文恺最中肯的评价。

而清人徐松的总结，则更充满了历史感：自两汉以后，至于晋、齐、梁、陈，并有人家在宫阙之间。隋文帝以为不便于事，于是皇城之内惟列府寺，不使杂居，公私有辨，风俗齐整，实隋文之新意也。这里所谓的隋文新意，准确地说，是出之于宇文恺。

不要忘了，宇文恺负责兴建大兴城的时候，也仅仅只有27岁。天才的建筑学家以如此年纪统领这个浩大的工程，这是他的机遇，也是长安城的机遇。

建仁寿宫

开皇十三年（公元593年），隋文帝杨坚行幸岐州（今陕西宝鸡凤翔），在岐州之北的麟游县看上了一块宝地，于是诏令天下，绘山川图以献，营建离宫，用于避暑。此地位于"万叠青山担一川"的杜水之阳，东障童山、西临凤凰，南有石臼、北依碧城，天台山突兀川中，石骨棱棱，松柏满布。即便是三伏天，气温也平均只有 21.8 摄氏度，是为消夏避暑的好地方。

为了尽快建成仁寿宫，杨坚"使杨素监之"。杨素其时为右仆射，位高权重，军功累累，深得杨坚信任。在杨素的举荐下，宇文恺为检校将作大匠，相当于总工程师。隋制，未除授正官而领其务者为检校官，等于以副职主持工作。

久经重大工程考验的宇文恺当然不会让杨坚失望。在接受这个任务之前，宇文恺已任莱州刺史。走马上任之后，他在杨素的支持下，为营建仁寿宫选了几个能力非常强的工作搭档：记室封德彝为土木监，崔善为为督工。封德彝为杨素的随军记室，也是杨素的姻亲，早年追随杨素，杨素对他赞赏不已，一有机会就向杨坚举荐；崔善为精通历算，初为文林郎，据说有一次杨素要查考他的工作，崔善为手拿手板凭记忆唱名，没有一处差错，杨素大为惊异。自此各方有疑难狱案，全部命令他审讯，都能追查出其中实情。三个人都是厉害角色。

于是夷山填谷以营宫殿，"崇台累榭，宛转相属"。史载，为修建仁寿宫，隋朝总共奴役了数万工匠，昼夜不停地施工。杨素督工严苛，封德彝和崔善为自然也不敢怠慢，作为总工程师的宇文恺虽然主要负责建筑设计，但也不免大耍威权，役使劳工，"民夫疲顿颠仆死亡万人以上"。为不影响工程，杨素命令直接将其尸体推入土坑，盖土筑为平地。

历经两年零三个月的不停施工建设，仁寿宫终于建成。据传开皇十九年（公元 599 年）除夕之夜，杨坚在宫中远望，见宫阙磷火弥漫，隐有哭声。杨坚颇感惊悸，感叹这必定是修宫殿时役使劳工过于严酷的缘故。

仁寿宫东至庙沟口，西至北马坊河东岸，北至碧城山腰，南临杜水北岸，城垣周长一千八百步。内城以天台山为中心；冠山抗殿，绝壑为池，分岩竦阙，跨水架楹。杜水南岸高筑土阶，阶上建阁，阁北筑廊至杜水，水上架桥直通宫内。天台山极顶建阔五间深三间的大殿，殿前南北走向的长廊，人字拱顶，迤延宛转。大殿前端有两阙，比例和谐。天台山东南角有东西走向的大殿，四周建有大宝殿、丹霄殿、咸亨殿、御容殿、排云殿、梳妆楼等殿宇。

唐贞观五年（公元 631 年），李世民将仁寿宫改名为九成宫。第二年，欧阳询在这里写下了名垂中国书法史的中国第一楷书《九成宫醴泉铭》。

"居高思坠，持满戒盈。"欧阳询在《九成宫醴泉铭》中写下这句谏诤之言，不仅是对李世民的提醒，更是对短命的隋王朝之所以失政的历史总结。

宇文恺的建筑遗产

作为生活在隋唐时期的建筑学家，宇文恺除了修建宗庙、大兴城和仁寿宫之外，还领衔负责建设东都洛阳、开凿广通渠、修筑长城、营造巡狩大帐、观风行殿、设计明堂。不过，除了开凿广通渠有利民生经济之外，宇文恺的其他建筑工程，都不过是作为王朝政治的需要，劳民伤财，激发民怨，加速了隋朝的灭亡，当然，他在其中也并没有留下什么好的口碑。

在建筑学方面，宇文恺著述有《东都图记》20卷、《明堂图议》2卷、《释疑》1卷，均见行于世，这是他在建筑学方面留给世人的遗产。可惜，除《明堂图议》的部分内容保存在《隋书·宇文恺传》和《资治通鉴》等史籍中外，其他的后来都亡佚了。一个本可以伟大的建筑学家，就这样隐没在长安城的盛名之下，就像那些无数劳累而死的无名劳工，如果不是细心地从史料里搜求，"宇文恺"这三个字似乎再难与长安城发生历史的牵连。

给后人留下一座世界之城，但后人并不需要记住他的名字。历史的感性之处在于，记住该记住的，忘记该忘记的，从这个意义上来讲，这是宇文恺的幸运，也是宇文恺最大的不幸。

李贺辞考与唐讳探微

唐元和五年（公元 810 年），时年 20 岁的李贺应河南府试，获隽。踌躇满志，准备进京举进士试。

自 15 岁以乐府诗闻名于世以来，少年李贺的前途被众多名公钜卿看好。19 岁那年，韩愈、皇甫湜闻李贺名，给李贺出了篇命题作文，考考他的才气。李贺也不客气，当场作《高轩过》一诗答韩愈和皇甫湜：

华裾织翠青如葱，金环压辔摇玲珑。马蹄隐耳声隆隆，入门下马气如虹，云是东京才子，文章巨公。二十八宿罗心胸，九精照耀贯当中。殿前作赋声摩空，笔补造化天无功。庞眉书客感秋蓬，谁知死草生华风。我今垂翅附冥鸿，他日不羞蛇作龙。

此诗历来被称颂。"笔补造化天无功"一句，钱锺书先生认为："不特长吉（李贺字长吉）精神心眼之所在，而于道术之大原、艺事之极本，亦一言之道著矣。"评价甚高；而"秋蓬生华风""附鸿""作龙"等语，则将一个有志青年面对即将到来的"飞黄腾达"的喜悦心境刻画得淋漓尽致。

从诗题"韩员外愈、皇甫侍御湜见过，因而命作"来看，是李贺当场应韩愈和皇甫湜所请而作无疑，于中也可见出李贺对韩愈、皇甫湜这两个文学大家、辞章前辈过访自己这个"文学青年"的感激。朱自清在为李贺所作年谱中如此记录："其过贺足为增名不少，贺之感激可知；故有秋蓬生风，附鸿，作龙之语，信其能相推引也。"诚为知心之论。

府试得中，举进士试，一切看起来都是那么顺理成章，李贺的锦绣前程似乎就此展开。

然而，就在他准备进京举进士试时，有人突然向他发难了：

李贺，你父亲名晋肃，出于避讳，你李贺怎么可以举进士试呢？

发难者所谓避讳，为唐时成为风尚之避嫌名讳。自避讳之俗起于周朝以来，经过数百近千年的发展演变，自唐时已达极盛。《唐律·职制篇》明确规定："诸府号官称犯祖父名，而冒荣居之者，徒一年。"什么意思呢？就是说，地方官员的官号名称如果和自己的父亲、祖父名字相同而不知道避讳辞官胆敢就任的，一经举报查实就要处以一年的徒刑。

在这个严密的避讳制度之下，唐朝出现了很多因为避讳而辞官不受的例子。《旧唐书·懿宗纪》："咸通二年八月，中书舍人卫洙奏状称：'蒙恩除授滑州刺史，官号内一字与臣家讳音同

（洙父名次公）'，请改授闲官。"滑州刺史的"刺"字与卫洙的父亲次公的"次"字音同，避嫌名讳，卫洙不敢去当这个滑州刺史，于是只好向朝廷上表，请求改授其他闲官。

好在朝廷讲道理，敕曰：嫌名不讳，著在礼文，成命已行，固难依允。意思是这个官名不犯讳，你的请求不能得到批准，你还是去上任吧。

卫洙当然是幸运的，而李贺却没那么幸运了。李贺父名晋肃，"晋"与"进士"的"进"音同，属于避嫌名讳的范畴，所以李贺不能举进士。向他发难的人隐在历史的暗处，拿避父讳这个大棒子打击李贺，让李贺毫无还手之力，青春年少、血气方刚的李贺当然不能忍受别人在道德上挑自己的刺，于是决定不举进士试。

李贺不知道，他的这一决定，正中了发难者的下怀：你少年得名又如何？举不了进士试，将来你就不可能是进士出身，不是进士出身，再有名又如何？

按进士出身之重要性，对唐时读书人不言而喻。陈寅恪先生在《唐代政治史述论稿》中说：

唐代贡举名目虽多，大要可分为进士及明经二科。进士科主文词，高宗、武后以后之新学也，明经科专经术，两晋、北朝以来之旧学也。究其所学之殊，实由门族之异。故观唐代自高宗、武后以后朝廷及民间重进士而轻明经之记载，则知代表此二科之不同社会阶级在此三百年间升沈转变之概状矣。

进士重于明经，这是高宗、武后以后的唐代政治发展趋势，李贺生于进士科隆盛之时，对于进士出身的向往和汲汲以求，大可理解。一方面，进士出身是他这样的士子晋升的重要渠道；另一方面，唐自开元、天宝以后，进士出身而担任中央要职的比重日益增大，典型的例子摆在那里，李贺没有理由不趋之若鹜。

但凭空甩出来的"避嫌名讳"这一"王炸"把他震得毫无还手之力。他做不到耍无赖，也没有能力抗辩。从当时的道德风尚来讲，避嫌名讳对他而言，是一个一剑封喉的杀招，这个杀招让他找不到抗辩的理由。而因为有着良好的道德洁癖，他便也没有耍无赖的资本和资历。

还是韩愈久经人事，面对众口一词，他看出了问题所在，积极为李贺鸣不平。在散文《讳辩》中，韩愈一面温言劝慰李贺，要他去举进士试；一面批判"毁"李贺的人所持有的观点——

律曰：二名不偏讳。释之者曰：谓若言"征"不称"在"，言"在"不称"征"是也。律曰：不讳嫌名。释之者曰：谓若"禹"与"雨"、"丘"与"蓲"之类是也。今贺父名晋肃，贺举进士，为犯二名律乎？为犯嫌名律乎？父名晋肃，子不得举进士，若父名仁，子不得为人乎？

　　韩愈拿孔子避母亲讳为例说：凡双名不专讳一个字。郑玄认为孔子的母亲名"征在"，孔子在说"征"的时候不说"在"，说"在"的时候不说"征"。《律》文又说：不讳声音相近的字。郑玄说：譬如"禹"之与"雨"，"丘"之与"蓝"之类就是。现在李贺的父亲名叫晋肃，李贺去考进士，是违背了二名律呢，还是违背了嫌名律呢？如果父亲名仁，难道儿子就不能做人了吗？

　　韩愈这篇文章既是为李贺开脱，也是向千百年来不合人情与事理的避讳制度发起的战斗檄文，其观点犀利，逻辑严密，本有理由说服当时的社会风尚，继而让李贺安之若素地参加进士试。然而，韩愈和李贺都没有料到，《讳辩》写出之后，非但没有引起士人社会的广泛理解和同情，反而为韩愈招来了无端指责。舆论认为：韩愈以文章大家之身，不仅没有带头维护避嫌名讳这个道德风尚，还百般为一个文学青年辩护，鼓励年轻人热衷功名而抛弃道统，理应受到谴责。

　　李贺感恩于韩愈的赏识和仗义，但尤其如此，他更不能铤而走险，一方面，"拒不避讳"这样的道德评价他和韩愈都担不起。另外一方面，尽管《讳辩》看起来在理，但并不见容于当时的社会风尚。更为重要的是，因避讳而辞官的例子，在他前面有很多很多。《旧唐书·贾曾传》里的贾曾，和卫洙的遭遇差不多是一样的："拜中书舍人，以父名忠，固辞。议者以为中书是曹司名，与曾父名音同字别，于礼无嫌，乃就职。"人家到手的官都可以不要，一场考试对你来说就那么重要吗？

当此情形之下，李贺更不能置韩愈于艰难处境，于是他做出了人生最为痛苦也影响他一生的决定："卒不就试，归。"

然李贺辞进士举的原因似远不止避嫌名讳这么简单。学者何根生考证认为，李贺诗作中似有不严格避宪宗讳的内容。按宪宗讳纯，同音字有莼、醇、鹑、淳等十三个字，李贺诗中不讳"纯"的同音字两次，如《开愁歌》"衣如飞鹑马如狗，临歧击剑生铜吼"，不避"鹑"字；《南园十三首》其十一"自履藤鞋收石蜜，手牵苔絮长莼花"，不避"莼"字。（参何根生《李贺避讳不举进士漫考及其他》，《江苏教育学院学报》社会科学版，1995 年第 3 期）尽管这些诗作可能作于宪宗未即位以前，但他早年的这些诗作无形中为自己埋下了巨大的隐患，如同一块深埋在地下的炸弹，一旦他胆敢不避父亲的嫌名讳，那些要毁他的人必然要拿此大做文章，到时，李贺就真是百口莫辩了。

何根生之发现颇有价值，这也就为我们今天理解李贺"卒不就试，归"的痛苦决定提供了既合情理又符唐讳的依据。

藏在暗角里毁李贺的人，终于松了一口长气。没有李贺竞争的科场，中不中进士无所谓，只要把你拖下水就好了。小人的心态从来就是如此，我好不好过先不说，先不能让你好过！话说你好过了，哪里有我的好日子过。小人手上拿着看起来非常有正义和道德责任感的大旗，采用的方法，无非是恐吓和威逼。小人料定了李贺招架不住，也料定会有人来帮腔说话，他们或许还准备了更为凌厉的杀招，或者邀了更多人来为所谓的正义和道德责任感站队。小人最终胜出，李贺惨败。从李贺短暂而悲怆的一生结局来看，这个所谓正义和充满道德责任感的大旗，不过是妒贤嫉能和阴私毁才的幌子罢了。

李贺大约是在公元 811 年初回河南老家昌谷的，在回老家路上所写的诗《出城》中，有"啼鸟被弹归""无印自堪悲"等句，当是他当时心境的真实写照。这次因避嫌名讳而不举进士试的遭遇对他的一生可谓影响深巨。朱自清先生在《李贺年谱》中如是叹息：贺方盛年，固以远大自期，遭此坎坷，其怨愤无聊可以想见。其诗如"二十男儿那刺促""长安有男儿，二十心已朽""我当二十不得意，一心愁谢如枯兰""少年心事当拏云，谁令幽寒坐鸣呃""壮年抱羁恨，梦泣生白头""天网信崇大，矫士常恛恛""文章何处哭秋风"，皆此物此志也。好友沈亚之谓其所赋，"怨郁凄艳之功，盖古排今"；杜牧论其诗，以为"骚之苗裔，理虽不及，辞或过之"；而钱锺书先生则谓"长吉好用'啼''泣'等字"，"连篇累牍，强草木使偿泪债者哉。殆亦仆本恨人，都以眼泪洗面耶"。其恨如何？当然跟这次避嫌名讳而不举进士试有关。

次年，因韩愈引荐，李贺当了一个从九品的奉礼郎。三年后，以病归，"家居撰著读诵，有燕婉之乐"，其后，短暂往潞州依张彻。唐元和十一年（公元 816 年），李贺死于昌谷家中，年27 岁。少年颇得诗名的李贺，却折戟于青年意气浮于天的进士科场，原因竟然是避嫌名讳，唐时避讳制度和社会风尚之害由此可见一斑。

李贺去世后大约两百多年，南宋文人、永嘉学派创始人薛季宣为他避父讳而弃进士试大加赞赏。在《李长吉诗集序》中，薛季宣如此称颂李贺：长吉讳父嫌名，不举进士，虽过中道，然其蔑福贵、达人伦，不以时之贵尚滞蓟乎方寸，其于末世，顾不可以厚风俗、美教化哉！

不参加考试，反而成为李贺高风亮节的证据。以薛季宣之处理学盛世而议李贺之终生遗恨，李贺是不会照单全收的。而在我看来，薛季宣之不懂李贺也。或许，这个评价还会深深刺激他：我尚且以此遗恨终生，你还是别给我戴这个高帽子吧。

然而，将李贺的人生遭际放在漫长的中国避讳史里来观察，他还不算最不幸的。清乾隆四十二年（公元 1777 年），江西举人王锡侯《字贯》案引发的"以讳杀戮"事件，不仅当事人王锡侯掉了脑袋，受牵连的子孙七人皆被判斩，就连江西巡抚、布政使、按察

李贺故里碑

使等官员也跟着一同遭殃。《字贯》案的核心在于：其凡例写入康熙、雍正、乾隆等皇帝之名讳（玄烨、胤禛、弘历），没有缺笔避讳。被乾隆批为"大逆不法，为从来未有之事"。于是朱批"罪不容诛"。以犯讳而杀戮多人，成为中国历史有避讳先例以来最严厉和最血腥的讳例。

李贺如能闻听此例，或许会暗自松一口气吧。

长孙无忌：令旗山下的穷途末路

汽车开出江口镇，眼前的山水气象一下就阔大起来。

乌江和芙蓉江在这里交汇。薄刀岭山如其名，险峻如刀，巍
耸两岸。秋雨绵绵，云雾萦绕，这山水景观便凭空多了点仙气。
或是武隆仙女山和江口"沾亲带故"，所以风味蔓延至此，又像
是天帝人间布景时，尚未跳出上半段的构思，干脆一笔顺势做出
了看上去风格相近的点化。

世上永无完全相同的风景。薄刀岭和仙女山，就像一胎生下
的两个女儿，虽然样子看上去相似，但她们却有着各自不同的心
性和禀赋。具体到江口这一段来，便是此山此水自己生成的别样
境界。

江水交汇处，必是人文荟萃地。我在这个秋雨绵绵的下午，
舍弃了武隆天生三桥的壮美自然之景，而奔向位于长孙无忌墓这
个历史人文遗迹，就是想实地探访一代名相、凌烟阁上排第一的
唐帝国功臣最后的埋骨之地。

车过银盘电站，顺江一条蜿蜒的村道，通向长孙无忌墓。当地人称为"天子坟"，也有人叫"皇坟"。沿途四五公里，没有任何路牌指引，搞得我"疑神疑鬼"，一见路边规制略大的坟便要停下来上去探望一二，生怕就此错过。

好不容易遇到一个放羊的老人，在他的指引下，终于顺着一条荒草丛生的小径，找到了长孙无忌墓。

长孙无忌像

自古名臣多横死，令旗山下有孤魂。生于帝京洛阳的一代名相长孙无忌，生前绝不会想到，他会葬身于这个远离京城的蛮荒边地。历史的演进总是这样出人意表，在唐诗宋词里几乎很难看到任何记录的武隆江口镇，却意外地迎来了这样一个在唐初权势熏天而又声望盈朝的大人物。

这是长孙无忌的人生不幸，却无意中造就了江口镇的地望之幸。

祸起"废王立武"

历史回溯。唐高宗永徽六年，即公元 655 年，武昭仪圣眷日隆，高宗渐生废后之心。某日，高宗召长孙无忌、李勣、于志宁、褚遂良等重臣入内殿商议废王皇后立武昭仪之事。聪明的李勣自知此事敏感，乃称病未去。而于志宁呢，在高宗和武昭仪的联合威压之下，虽明知废后不妥，但终是噤不敢言。倒是褚遂良这个太宗遗命的顾问大臣敢于直谏，提出各种理由激烈反对高宗"废王立武"。

一个不来，一个不开腔，一个反对，高宗和武昭仪显然很需要一个支持者，这样他们就可以借坡下驴了。为了做支持者的工作，两个人做了很多安排。上一年，他们就一起到长孙无忌家饮宴，名义上是一次普通的"家庭聚会"，实际上是有所企图。当然，两人上门也没空手，高宗出手大方：不仅赏赐金宝缯锦十车，又任命长孙无忌的三个庶子为朝散大夫。宴饮间，高宗以皇后无子频频暗示长孙无忌。长孙无忌却装聋作哑，"顾左右而言他"，弄得高宗和武昭仪很不愉快。

"家庭聚会"后，高宗和武昭仪没有放弃，继续做长孙无忌的工作。先是派武昭仪的母亲杨氏上门陈情，再是让礼部尚书许敬宗上门劝说，但长孙无忌还是一口拒绝了。

贵为皇帝而不能如愿，这让高宗很窝火。而前进路上出现的这个绊脚石，更让武昭仪暗自怀恨在心。两个人一合计，决定不给这些顾命大臣面子，软的不行就"硬上"。于是便有了"内殿商议"这出戏：这相当于高宗和未来的武后的"最后通牒"。

尽管此前两三个回合中，高宗和武昭仪早已经知道了长孙无忌的态度，但他们还是希望在这最后关头，得到这个既是国舅又是顾命大臣的重量级人物的支持。他们显然判错了这个凌烟阁上排第一的人物的气性，长孙无忌在这关键的时间节点上，虽然明知反对有政治风险，还是坚定地站在了褚遂良这一边。

高宗的脸黑了下来，武昭仪大约拂袖而去。一段血腥的政敌清洗历史就要开启了。如果说"家庭聚会"时的反对尚是皇族内部矛盾的话，那么，"内殿商议"上的公开反对便已是利害攸关的权力斗争了。为相半生的长孙无忌不会不明白这次反对的危险性。"不负先帝"，比起"不识时务"来，在长孙无忌看来更为重要，这便是这些"谋国重于谋生"的骨鲠之臣的"致命短板"。

冷清的"皇坟"

尽管秋已渐深，但长孙无忌墓周边的荒草仍然长势甚欢，它们几乎掩埋了那条本就不易发现的路。

走过不长的路，便看到墓主体。墓高约 5 米、直径 30 米，为圆形黄土冢。墓正中有四块石碑，最右的石碑，是重庆市人民政府于 2011 年 4 月所立，石碑正中是楷体的"长孙无忌墓"五个大字。"长孙无忌墓"上面，标明此墓为"重庆市文物保护单位"。其余三块石碑依次是明万历年间彭水知县吴元凤所立"唐太傅长孙公无忌之墓"碑，此碑高 1.58 米，宽 0.73 米；其次是清乾隆十一年（公元 1746 年）彭水知县立"长孙无忌之墓"石碑，此碑高 1.4 米，宽 0.49 米，厚 0.11 米；还有一通碑是清咸

长孙无忌墓

丰十年（公元 1860 年）彭水邑令所建诗碑，高 1.55 米，宽 0.7
米，厚 0.1 米，诗文三十二句，二百二十四字。由于年深日久，
三碑上的字俱已漫漶，最后一个诗文碑上，依稀能认出几句：叹
旧怀贤此地过，风徽邈矣望山河。已悲埋骨同心少，空怨孤忠血
泪多。诗人在褒奖和赞颂长孙无忌的开国之功的同时，更多是对
他末路穷途、葬身蛮荒之地的悲悯。

　　顺着墓右行数步，即见一木石结构的亭子。五角两层结构，
一层建有围栏，一二层间留有一个供人上下的小洞。借助亭中预
留的铁环，我登上二层平台。举目四望，令旗山虽不高大险峻，
却绵邈多姿，远处的薄刀岭被云雾遮住，时隐时现。乌江能看到

长孙无忌墓前的四个石碑

一线际涯，正是半实景半想象的妙处。山环水抱，想来当年选址的人还是颇费了一番心思才寻得此佳处的。

亭边尚有两块石碑。一是1984年6月由四川省武隆县人民政

被丝瓜藤蔓遮住的长孙无忌墓碑

府（重庆成为直辖市前，武隆为四川省辖县，下同）所立的"唐赵国公长孙无忌之墓"。碑上除简要介绍长孙无忌生平外，特别说明：公元674年，（长孙无忌）获昭雪，迁葬陕西

昭陵，此为衣冠冢。另一块石碑为四川省武隆县人民政府于1982年所立，因石碑通体被丝瓜藤遮蔽，上面的文字已难以全部辨识，但"长孙无忌"几个隶字还是能一眼认出。

长孙无忌墓碑

我绕墓一周，再未看到任何石碑。墓侧有三户人家，但都空室无人，最边上的一家木石所建的老宅许是多年未住人，主体已然倾颓，边上贴了一个提示路人注意危房的告示。没有鸡鸣狗叫，几树柚子，熟了也没人采摘，就任由其落地腐烂。

埋骨黔州

登上皇后宝座的武则天，是不会放过褚遂良和长孙无忌的。

遭政治清算的先是褚遂良。武则天显然还记得他反对"废王立武"的坚决态度，那近乎一种政治表演：他将官笏放在台阶上，同时也把官帽摘下，向高宗不停叩头以至流血。你既然不要命，我也不给你好命。武则天先是将褚遂良赶出朝廷，贬他到潭州任都督。不久，又调褚遂良到离京师更远的桂州（今广西桂林）去任都督。为打击褚遂良，武则天和许敬宗、李义府一起，诬告中书令来济、门下侍中韩瑗与在广西的褚遂良共谋反叛。以此为借口，褚遂良很快又被贬到了更远的爱州（今越南清化）。

绝望之中，褚遂良向高宗上了一封陈情书，诉说自己曾长期为高祖与太宗效劳，是高宗继位的坚决支持者。他希望凭此让高宗收回成命。但他没有料到，武则天此时已全面参与帝国政务。即便高宗有那么一丝犹豫和反悔，他也禁不住武则天的游说。

公元 658 年，褚遂良在爱州带着遗憾离世，享年 63 岁。

褚遂良之后，接着就该是长孙无忌了。

注意许敬宗这个人物，他在武则天打击褚遂良和长孙无忌这两个重臣的政治斗争中扮演着非常重要的角色，很难说他仅仅是对武则天的无条件服从，可能更多是借此建立和巩固自己的威权，打压一度在自己前面的褚遂良和长孙无忌。按理，他和褚遂良与长孙无忌都是太宗李世民的政治班底，李世民为秦王时，他是秦府十八学士之一。权授检校中书侍郎后，因起草诏书得体，深得李世民欣赏。贞观二十一年（公元 647 年），许敬宗加银青光禄大夫衔。虽然也算颇受重用，但相较褚遂良和长孙无忌在太宗朝的政治地位，许敬宗还是差得太远。在"废王立武"的政治斗争中，许敬宗善揣上意，支持高宗"废王立武"，由此官运亨通，很快便代于志宁为礼部尚书，兼任太子宾客。

导致许敬宗对太宗李世民离心离德，缘于国丧失礼事件。贞观十二年（公元 638 年）六月二十一日，长孙皇后去世，帝国按照国丧的程序为长孙皇后送行。按仪礼，文武百官全部都要穿着孝服参加。当时欧阳询也到了国丧现场。欧阳询因长相丑陋，许敬宗看到欧阳询穿着孝服的样子，居然没忍住在长孙皇后的葬礼上笑出了声。李世民大怒，以国丧失礼将其贬为洪州司马。此后尽管不断得到重用，但在器量狭小的许敬宗心里，对李世民和长孙家已经有了怨恨。

现在，长孙无忌居然反对"废王立武"，许敬宗怎能放过这个机会。"意图谋反"这样的手段既然可以用在褚遂良身上，那么，现在也可以用在长孙无忌身上了。

据《新唐书·长孙无忌传》载，许敬宗"揣后指，阴使洛阳人李奉节上无忌变事，与侍中辛茂将临按，傅致反状"。意思是说：许敬宗猜到武后的心思，暗中指使洛阳人李奉节向高宗诬告长孙无忌谋反，与侍中辛茂将办理此案，教他编造长孙无忌谋反的情由。但高宗还不算昏聩，认为长孙无忌谋反是"妄人构间，殆不其然"。但许敬宗坚持认为长孙无忌"反迹已露，陛下不忍，非社稷之福"。

高宗最后的态度颇堪玩味：帝终不质问。意思是：高宗对长孙无忌谋反这件事，始终没有和长孙无忌这个当事人对质，这就给许敬宗留下了"默许"的操作空间。最后"遂下诏削官爵封户，以扬州都督一品俸置于黔州"。高宗顾全国舅的面子，虽然下令削去官爵封地，但还是让长孙无忌以扬州都督一品官的官职流放到黔州。

自唐武德元年（公元 618 年），改黔安郡为黔州以来，长孙无忌是第一个被贬到此地的帝国重臣。想来，长孙无忌奔赴贬所的路途不是顺利的，翻越秦岭已是困苦不堪，还要山水兼程，穿巴山、渡蜀水，进入到黔州这样的蛮荒之所。

然而，更坏的结果还在等着他。据传长孙无忌在路上走了近三个月，还未到贬所，武则天的密令就追了过来。同样，执行这个密令的还是许敬宗。

显庆四年即公元 659 年 7 月，长孙无忌行进到今天的江口镇。闷热的天气，加上眼前的荒凉，他一定心生悲苦。他似乎并没有给高宗和武则天写什么反悔或者认错的陈情书，他比褚遂良更彻底。或许他已经听到了褚遂良的死讯，并已经做好了就死的准备。

许敬宗的追杀令，看起来更像是对他的成全。

在长孙无忌山水兼程赶往贬所的同时，在武则天的积极推动下，高宗启动了长孙无忌谋反案的重审，主持重审的，自然是许敬宗。随后，许敬宗命中书舍人袁公瑜到黔州审讯长孙无忌谋反罪状。袁公瑜一到黔州，便逼令长孙无忌自缢。

袁公瑜也是一个小人。此前，他就向武则天母亲密告裴行俭反对立武则天为后。这次，充当重审长孙无忌谋反案的主审，并秘密领取了许敬宗和武则天"置长孙无忌于死地"的命令。据传，他对长孙无忌进行了血腥的"暴力审讯"，但长孙无忌并没有死，不得已，他才逼令长孙无忌自缢。

一尺白绫，而非屠刀带血，这是武则天留给长孙无忌最后的体面。高宗最后听到的死因，是许敬宗认真"编辑审查"过的"水土不服"。即便高宗有所怀疑，那又怎样呢？从他"终不质问"开始，这个悲剧结局就已经写定了。

长孙无忌死后，家产被抄没，近支亲属都被流放岭南为奴为婢。被逼死的长孙无忌就近埋于信宁县（今武隆江口镇，当时属黔州所辖，宋代废县设镇，后长期为彭水县所辖，1950 年划归武隆县）。

长孙无忌墓靠近乌江

迁葬昭陵

正在我准备离开墓地时，家住墓边的陆大爷回来了。

他告诉我，他们家在这里已经住了 70 年了。墓地原来占地三亩，他们家和邻近几家人的房屋都是墓地的一部分。20 世纪 60 年代扩耕，将原来的墓地一部分平了，一部分作为自留地，一部分用于修建房屋。随扩耕一起毁掉的，还有墓前的石碑、石狮、石兔、石马。"据说这些石材都是当时的官衙从外地请工匠打好后，长途运到这里来的，所以我们就拿来建地基用了。"

长孙无忌墓附近的人家

一千多年风雨沧桑，长孙无忌墓当年遗留的楼亭阁碑，早已经随风而化，即使留下来的，也换了模样，倒是墓正中生长的砂仁一如既往地茂盛绵密。陆大爷说，这些砂仁是当地蔡家村家家都爱种的经济作物，因为可以用于制作香料，且产量较高，也成为当地收入的重要来源。"我们不忌讳，墓上长的砂仁同样要收，他是皇家的人，肯定要照顾我们这些后人嘛。"

上元元年（公元 674 年），高宗恢复了长孙无忌的官职爵位，让他的孙子长孙无翼继承封爵。此时，距长孙无忌自缢已经 15 年了。昭雪后的长孙无忌墓，获准迁葬唐太宗与长孙皇后的合葬陵墓昭陵。

15 年，长孙无忌埋在江口镇薄刀岭令旗山下的忠骨或许早已经化为尘土，迁葬昭陵，不过是高宗给长孙家族一个"政治补偿"。

开成三年（公元 838 年），唐帝国已到风烛残年的晚景。唐文宗下诏："每览国史至太尉无忌事，未尝不废卷而叹。"

为长孙无忌之命运终局而叹息的，又何尝唐文宗一人呢。清代黔江县令、诗人翁若梅在《过彭阳怀长孙丞相》中，留下了这样一句，对长孙无忌的冤死唏嘘不已："三潮水涌孤臣泪，九曲溪回迁客肠"；清代诗人舒同珍在《题长孙无忌墓》中更是悲悯不已："千古沉冤谁与雪，一朝功大尚凌烟"。

据说唐太宗临崩时曾托付褚遂良："我有天下，无忌力也。尔辅政，勿令谗毁者害之。"他显然对长孙无忌可能被人谗毁有所预见，但他无法预见的是褚遂良会比长孙无忌更早遭到"谗毁者害之"。所以，唐太宗的托付，不过是他自己的一个心理安慰。

2018年8月，重庆市就做出了"依托长孙无忌墓穴，建设大唐宰相城"的规划。按照规划，重庆武隆区将以唐朝文化为主题，建设江口乌江大桥、石牌坊、唐风步行街及建筑物群、长孙无忌纪念馆、大唐风韵馆，打造大唐宰相城文旅项目。率先启动的，将是长孙无忌墓的整体修缮工作。

在探访长孙无忌墓路上看到的篆体唐字石碑

相比已经立于乌江旁的唐朝海鹘军船和长孙无忌像，长孙无忌墓一如既往的冷清。"大唐宰相城"的规划尚未有实质性的推进。对于那些欲凭吊一代名相埋骨之地的旅人而言，"长孙无忌墓"的难找和顺江村道的难行或许并不算麻烦，真正麻烦的，是乌江对岸令旗山下蔡家村那些村民。他们要到江口镇，或者武隆城区，修建乌江大桥已经显得迫在眉睫了。

车回银盘电站。转盘中央一块巨石上，刻着一个巨大的篆体"唐"字。巨石背后，是蜿蜒流过的乌江，令旗山已然被群山遮住。雨停了，云雾却并没有散去。天色向晚，我要走上漫长的归途，那是一条高速路连着一条高速路的坦途，不似长孙无忌走向黔江贬所的曲折山水险途。

我想象将来一座乌江大桥横跨两岸的样子，人们来来往往，除了来凭吊一代名相的旅人，更多的，是世代居住在乌江两岸的人。

这，或许便是陆大爷所谓长孙无忌对后人"最大的照顾"。

鱼玄机：在温庭筠与李亿之间

遇到温庭筠，既是鱼幼薇的大幸，也是鱼幼薇的大不幸。

彼时，她11岁，他43岁，32岁的年龄差距，即便用今天的标准来看，也隔了一两代人。何况，他是以师者的名义，进入她的生活的。

在开明开放的唐代，这种虽是私人授受的师徒关系，也还是被市井愉快接受。温庭筠在决定承担起师者责任的同时，更多出于对她才情的赏识和际遇的怜悯。喜欢，或者，爱，还是后来的事情。

他没有料到，自己在点醒了她的诗情的同时，也点醒了她的爱情。

或许，诗情泛滥的女子，本身也是多情的，再联想到她自小生活在平康里那样的勾栏欢场，对男女间那样的眉目传情甚或莺声燕语早就敏感而熟识，对她情感的早熟自当不会太过意外。还有一层，温庭筠或许是想到了：11岁少女鱼幼薇，在父亲去世后，生活中日常接触得最多的，自然是这个为人师的温老师。她对他加倍留心和注意，或者多几分的关心，是再自然不过的事情。

但让温庭筠没有想到的却是，她的情感早熟，她的加倍留心和注意，会最终演变成超越师生关系的男女情感。更让他没有想到的是，这样的情感来得会是那样迅猛而浓烈。

大中十一年（公元 857 年），温庭筠被徐商辟为襄阳巡官，因此不得不离开长安，前往遥远的襄阳。14 岁的鱼幼薇初尝别离之苦，寒冷冬夜，相思成灾，辗转难眠，她为他写下第一首相思之诗，诗题写的正是他的表字：温飞卿。

诗的最后一句"幽栖莫定梧桐树，暮雀啾啾空绕林"，是她浓烈的心迹表白，她知道，他是懂的。他岂能不懂呢，他其实早就有预感，只是一直装作没有感觉，他想起在长安和她相处的四年时光，他渐渐老去，她却渐渐花枝绽放；他虽然自负诗名，但对自己中下的容止，却有自知之明。白发红颜，不是他迈不过这道礼教大防的鸿沟，实实在在是他觉得自己不能虚掷了她的华年。他明白，他和她，只能是师生情缘，最多，也只能做忘年的朋友。

有过那么一瞬间，他问自己：喜不喜欢她。他想了想，回答自己说：对幼薇，我是喜欢的。他又问：是赏识的喜欢，还是爱的喜欢。他回答自己说：赏识多于爱吧！最后，他问：如果是爱的喜欢多于赏识的喜欢，怎么办？他沉默良久，再也无法做出让自己也满意的回答。

他似乎打过一次回复她的腹稿，但最终还是没有提笔写下来。几天过去，他心里有了答案：对她的诗，他只能选择不做回复。他想，时间是医治情感失意的最好良药。他以师者的沉默方式，拒绝了作为学生的她的情感表白。

做出这样的决定，并没有让他如释重负，相反，他心里一直是沉甸甸的亏欠和遗憾。

公元863年，他重新回到长安，此时，他已经51岁，而鱼幼薇呢，已经19岁了，待嫁之身，为他空等数年。他满怀歉疚，她满怀期待。然而，他还是未能给他应有的表白，或者回应，哪怕是一个眼神都没有。她看到的，还是她11岁时看到的那个赏识她、有些怜悯她的老师。

更让她意外而伤心的是，他开始张罗着为她介绍对象。师者的口气里，有对自己的责怪，也有对她年纪大了的唠叨。她在那一刻忽然明白过来，这个人，终是爱错了。他居然把她推给别人，他还是把自己当成了老师，甚至当成了父亲，更甚至，当成了热心肠的媒人。他就从没有把她当成过女人，当成过恋人，即便是当成过情人也好。那么，他推谁是谁吧。

嫁给李亿做妾，鱼幼薇开始是有些负气的。可作为女人，她又能怎样呢，好在他是状元郎，才情过人，对自己又十分爱重，于是她便学着放下温庭筠，接受这样的安排，安心过甜蜜小妾的生活。谁想到，她会遭遇妒妇呢？而李亿，不仅不为她庇护和出头，还逆来顺受地休弃了她。入观为女道，鱼幼薇从此叫了鱼玄机，而她的命运，到此开始急剧转折。

三年等不来李亿，而温老师再也听不到任何消息。她不知道，在自己22岁的那一年，也就是公元866年，她已经再也见不到温老师了。她空有一腔的肺腑，却没有了排遣诉说的出处，于是，她便在道观前挂出了"诗文候教"的牌子。她想用这个牌子，请得温老师再次出山，哪怕仅仅是继续做她的老师也好！

没有等来温老师，最终等来的，却是她的命运终局。她痛打绿翘的时候，只是恨极了相负，如今作为婢女的绿翘在恩客前邀宠，比负她更为可恨。她哪里料到，这一失手，竟要了绿翘的小命。待决刑场时，她想，她这一生，因为爱温老师，是不后悔的。她只是恨，那个师者的负担，怎么会压得他禁锢了自己的本性。她到底只做了他的学生，而他，到底也还是她的师长，没有成为她的情郎，或者夫君。她叹息了一声，吟出了她短暂一生的最后一句诗：易求无价宝，难得有心郎。

永别了，我的温老师！

诗佛王维的"哭"

1

一个毕生事佛、参透生死荣辱的人，大约是不会轻易流泪的。

从一个儒者重信义的情感视觉来观察，哭，最该是天性的自然流露。

但即便是哭，也有很多种哭法。

王维一生，有诗文记录的哭，有五次。

第一次，是为他儿时的好友祖自虚而哭。那是开元六年（公元718年），王维十八岁。

第二次，则是为他生命际遇里难得的知音孟浩然而哭。在帝国的诗坛，他们的名字常常被人合称。那是开元二十八年（公元740年），王维四十岁。

第三次，是为好友殷遥。时间大约是天宝元年到天宝三载之间。以最远天宝三载（公元744年）计算，此时，王维大约四十三岁。

第四次，是哭好友褚司马，虽然没有准确的时间可考，但是从诗中引用大量的佛道典故来看，当在王维中年。

最后一次，是哭沈居士，时间大约是天宝末年（公元756年），此时，王维已暮年。

王维是一个重情重义的人。

这五次哭，既见佛道心性，也有撼怀。无论是外示号啕的痛哭，内蕴哀伤的幽咽，还是超于生死的顿悟洒脱，都是诗人在各个不同年岁里真性情的生动写照。

今天，当我们重读这些或浓重或轻灵的哭诗时，仍能体悟诗人对"逝者长已矣"的不尽惋惜和"生者永存悲"的无限追思。

2

少年不识愁滋味，只因未解心上秋。

早慧的王维所体悟到的人生愁苦，或许不尽然是生之艰难的物质逼迫，更多是心之何住的精神困顿。母亲崔氏的佛门引导和儒家所倡导的汲汲用世，在这个时段里，不是自然的融合，或许还是一种信仰的冲撞，成年之后，他将更沉迷于道教的出尘与自然。收起少年的天真和顽劣，王维告别蒲州往长安道上行进的时候，这愁苦便来得越来越深重。

在帝都以诗文干谒权门大家，初始并不是十分顺利的。偏偏这个时候，又听到了好友祖自虚去世的消息。这大约是王维最早遭遇到的至交死别，联想到自身的境遇，这愁苦，便变成了汪洋恣肆的悲哭。在这首《哭祖六自虚》的五言排律里，王维以自己平生学养和积累，竭尽所能地状写了失去好友的悲伤和惋惜。

否极当闻泰，嗟君独不然！诗一开始，王维就哭，哭到结束，似乎哭犹未尽。全诗 64 句，几乎句句是哭。哭得荡气回肠，哭得伤心欲绝。王维不吝用所有他知道的典故，来赞美祖六的才学，以此烘托这永世分离的悲伤。

"悯凶才稚齿，嬴疾至中年。"哭祖六自虚年幼遭忧患，哭其瘦弱多病。

"翰留天帐览，词入帝宫传。国讶终军少，人知贾谊贤。公卿尽虚左，朋识共推先。不恨依穷辙，终期济巨川。才雄望羔雁，寿促背貂蝉。"哭祖六贤能多才而何辜遭摧残。

"福善闻前录，歼良昧上玄。何辜铩鸾翮，底事碎龙泉？"哭祖六之死违背天意。

"域中君道广，海内我情偏。乍失疑犹见，沉思悟绝缘。生前不忍别，死后向谁宣？为此情难尽，弥令忆更缠。"哭自己和祖六之间的情深意切。

"本家清渭曲，归葬旧茔边。永去长安道，徒闻京兆阡。旌车出郊甸，乡国隐云天。定作无期别，宁通旧日旋？候门家属苦，行路国人怜。送客哀难进，征途泥复前。"哭其送葬无期别；

"念昔同携手，风期不暂捐。南山俱隐逸，东洛类神仙。未省音容间，那堪生死迁！花时金谷饮，月夜竹林眠。满地传都赋，倾朝看药船。群公咸属目，微物敢齐肩？谬合同人旨，而将玉树连。不期先挂剑，长恐后施鞭。"哭其昔日洛阳交谊深。

"为善吾无矣，知音子绝焉。琴声纵不没，终亦断悲弦。"哭其痛失知音断悲弦。祖六你走了，我也将终生不复鼓琴。以伯牙子期况祖六和自己，这哀弦，断得人泪下。

细读注家陈铁民先生的注释发现，王维在这首诗中用的典故，出自《易经》《尚书》《左传》《论语》《史记》《汉书》《后汉书》《晋书》《吕氏春秋》等近10部重要经籍。不厌堆垛，不烦用典，王维生平第一哭，读来如听黄钟大吕，足以惊天动地，足以感动鬼神。王维之所以恨不用尽平生之学来哭祖六，一方面或因祖自虚是最能理解王维的少年知音，也或因王维借祖六之死，哭自身之困顿。全诗10多处用典，读来不仅不让人生厌，反而使人有不尽其情之感。

有别于普通哭妇的号啕和呼天抢地，王维在这首诗中，用典雅的文字，将一个情义少年对知己死别的哭抒写到了极致，祖自虚这个人，也因此而得以留名于世。

我在《王维集校注》中读到这首诗时，很惊讶于宋以后历代注家对此诗的不着一笔。或无解人耶？或即使解而以为渲染过度耶？太过理性而冷静的阅读和注解，和少年王维当年的热血铺

陈，仿佛在以后每一个有思想交汇的时空里，凝成了一个互不理
解的结。真正能打开这个结的人，或许需要经历和王维相同的人
生境遇和况味。龚自珍写"少年哀乐过于人，歌泣无端字字真"，
移来注解王维的这首《哭祖六自虚》，应该是最恰当的了。

3

读王维的《哭孟浩然》时，一开始我是很失望的。

尤其是将它和《哭祖六自虚》一诗放到一起来读。

总以为从感情来看，王维有些让人意外地厚此薄彼。

一时"王孟"，能这样两个人合并在一起被人称呼，至少在
形式上，应该比祖六隆重。

按照《哭祖六自虚》的排律架构，诗人或应从赞美孟浩然的
才情入笔，回忆他们的第一次见面，回忆他们共同的故交，回忆
他们之间无数次的交往和唱酬，然后哭孟浩然的死于盛年和自己
得闻噩耗的迟滞和突然。

这样的铺陈，至少不会少于《哭祖六自虚》的文字总量——
如果一定要以数字来称量感情的话。然而，王维仅用了一首五言
绝句就解决了这个情感和形式上的双重难题。

二十个字，能道尽哭孟浩然的深意吗？他是意兴阑珊？还是
痛不能言？诗文中，究竟藏着怎样的禅机？

回到文本，反复咀嚼之后，答案其实不难索解：

故人不可见，汉水日东流。借问襄阳老，江山空蔡洲！

一句"故人不可见"，简白，直抒胸臆，但中间却深埋了多少悲痛、怀念、不舍和追忆。开元二十八年（公元 740 年），王维迁殿中侍御史，同年冬天，知南选（铨选地方官），经襄阳时，欲造访孟浩然所居之冶城南园，却意外得知孟浩然已然离世。

这样的安排，不知是上天有意成全，还是着意打击。

关于孟浩然离世的原因，王士源《孟浩然集序》记载：开元二十八年，王昌龄游襄阳。时浩然疾疹发病，且愈，相得欢甚，浪情宴谑，食鲜疾动，终于冶城南园。后人考孟浩然所食河鲜，当是汉江之特产——查头鳊。以孟浩然之真性情，这个死法倒是快意。只是王昌龄心里，或许从此便背上了沉重的包袱。

"汉水日东流"，起句借景抒情。站在汉水边上，王维望着滔滔江水东流不息，而故人再也不可见了，心里的哀痛与思念就像这东流之水绵绵不绝。仍然是干净素朴的语言，没有典故，没有雕饰，却让人动容。

"借问襄阳老，江山空蔡洲"，上句叙事，下句抒情。"江山"二字与"蔡洲"二字并看，足见孟浩然在王维心中之分量。著一"空"字，人去楼空、物是人非之凄恻悲伤呼之欲出，更见余情不尽、余悲不止。

纸短情长，四两千斤。这样的素朴、这样的直陈、这样的不事雕饰、这样的直抒胸臆，或是王维四十岁人生在洗尽铅华、看尽悲欢离合之后的自然表达。如果说《哭祖六自虚》是少年王维首次直面至交死别时的号啕大哭，那么《哭孟浩然》则是中年王维在参透生死之后，在内心里的无声幽咽。

哭不出来的痛，往往比宣泄的痛，更深重，更哀婉。王维在写《哭孟浩然》这首诗时，一定有自己成熟的构想，他不可能再像当年写《哭祖六自虚》时那样任性随意、一泻千里，他需要对自己的情感有充分的把握和约束，他需要把自己身上那些华丽而多余的羽毛蜕尽，直呈出自己对孟浩然最真实、最罕有、最独特、最匹配，也最昂贵的那部分。

或许，他还记得孟浩然《与诸子登岘山》这首诗："人事有代谢，往来成古今。江山留胜迹，我辈复登临。""汉水日东流"，"江山空蔡洲"，不正是好友孟浩然所抒发的人生况味吗？

在这首诗中，王维的感情已到了极致的含蓄和内蕴的高度，他牢牢地把握和约束了自己的感情。只用一个"空"字，道尽自己对孟浩然的深情。清人黄培芳在读这首诗时，忍不住写下旁注："王、孟交情无间，哭襄阳之诗只二十字，而感旧推崇之意已至。盛唐人作近古如此，后人则尚敷衍。"诚为解人语。

几天后，王维痛别襄阳，前往岭南，经过郢州（今湖北钟祥）时，哭孟浩然的情绪犹滞于衷，乃画浩然像于刺史亭，人们为怀念王孟二人的深情，便称刺史亭为孟亭，或浩然亭。

4

人这一生，总要经历很多次生离死别。

哭别孟浩然之后，王维接着还要为好友殷遥的离世而哭。

这一次，王维从个人的情绪中跳出来，在《哭殷遥》中，他用更简淡而平实的语言，舍弃那些典故，既阐发"人生能几何，毕竟归无形"的顿悟，又感叹"慈母未及葬，一女才十龄"的现实困境，充满了佛性的宽广和慈悲。

"泱泱寒郊外，萧条闻哭声。"情感和视线都在转移，从观照自我的情绪，转到更广泛的悲哭。

"浮云为苍茫，飞鸟不能鸣。"悲哭的又何止亲友呢，还有这些通达人性的浮云和飞鸟。

"行人何寂寞，白日自凄清。"行人也感受到好友离世的悲哀而为之肃穆。

"忆昔君在时，问我学无生。"想起两人一起学佛悟道的情景，便不禁悲从中来。

"故人各有赠，又不及生平。"故人所赠，很遗憾没能赶上你在世的时候。

"负尔非一途，恸哭返柴荆。"亏欠你的，又何止一端两端呢？我只好痛哭回家，掩上我家的柴扉，不见任何朋友。

从"萧条闻哭声"到"恸哭返柴荆"，王维按捺住自己的情绪，让天地万物和自然种种，以及无关的行人，在诗中表达情绪。只在诗的收尾处，方将情绪回到了自我，这个过程，是逐渐参透生死荣辱之后的一种精神涅槃。

东坡谓：观王维诗，诗中有画；观王维画，画中有诗。其实诗中之画，不独王维的山水诗，这类哭诗，也能见出画境。读此诗，寒郊、行人、白日、柴荆，皆在画中。一个哀哀掩扉的诗人形象，也呼之欲出。

自此，我们看到：王维的哭，一直在升华。从少年时的号啕，到年近不惑后的无声幽咽，再到哭殷遥时的顿悟和洒脱，王维用哭，既超度亡友，也净化了自我。

5

王维对生死荣辱的参透，在《哭褚司马》一诗中达到了一个新的高度。

《王维集校注》将这首诗纳入未编年，但玩诗意，不难得出一个比较有说服力的判断：这首诗当作于王维暮年。

妄识皆心累，浮生定死媒。谁言老龙吉，未免伯牛灾。故有求仙药，仍馀遁俗杯。山川秋树苦，窗户夜泉哀。尚忆青骡去，宁知白马来。汉臣修史记，莫蔽褚生才。

王维不仅奉佛，中岁之后也多和道中人相过从。这首诗非常明显地融合了佛道两家的思想。"妄识""浮生""遁俗""青骡"等，皆两宗惯用之语。"青骡"一句，出自道士李少君的典故。《太平御览》卷九〇一引《鲁女生别传》：李少君死后百余日，人有见少君在河东蒲坂，乘青骡，帝闻之，发棺，无所有。王维哭褚司马时，两人已阴阳两隔，生死异路，他想到老龙吉（《庄子·知北游》里的至德人物）这样的至德之人也未能免于获疾而亡。那些学道求仙的人最后也不免于死。生老病死，人之常情，世间事世间人大抵如此，谁又能逃得过呢，既是逃不过，坦然面对当是最好的心态。王维以此宽慰自己，并寄托对褚司马深沉的怀念。

这种佛道融合的思想，在此后《过沈居士山居哭之》一诗中，也表现得非常明显：

杨朱来此哭，桑扈返于真。独自成千古，依然旧四邻。闲檐喧鸟鹊，故榻满埃尘。曙月孤莺啭，空山五柳春。野花愁对客，泉水咽迎人。善卷明时隐，黔娄在日贫。逝川嗟尔命，丘井叹吾身。前后徒言隔，相悲讵几晨。

杨朱、桑扈、丘井皆出自佛道两宗。杨朱是道家杨朱学派的创始人，《列子·仲尼》："随梧之死，杨朱抚其尸而哭。"桑扈，语出《庄子·大宗师》："子桑户、孟子反、子琴张三人相与友……而子桑户死，未葬……或编曲，或鼓琴，相和而歌曰：'嗟

来桑户乎！……而（汝）已反其真，而我犹为人猗！'"丘井，
语出《维摩经·方便品》："是身如丘井，为老所逼。"

仍然是王维对自我情感约束之后，自然而平实的表达。无论
闲檐故榻，无论曙月孤莺，无论空山五柳，无论野花泉水，无论
逝川丘井，王维让天地自然在这首哭诗中，表达它们通灵的情
感，以此来寄托自己的哀思。此时的王维，已由哭殷遥时的顿
悟，升华为哭沈居士的彻悟。

王夫之说：挽诗得此，神理不减。起结各用一意四句，长篇
不如是则冗，沈云卿《玩月》，李太白《送储邕》通用此局阵，
其源亦自康乐玄晖来。

说此首哭诗神理不减，我是赞同的，说王维写诗善于布阵，
我倒并不完全认同。我认为王维的哭诗，有建构而无布阵，这样
方显自然而不凑泊。

上元二年（公元 761 年）七月，王维在弟弟王缙从蜀中调回
帝都的期盼与等待中辞世，终年 61 岁。大唐唯一的诗佛，便从
对生死荣辱的彻悟中羽化而去，他的亲人和好朋友，又将以怎样
的方式、心绪和情怀来哭他呢？

遁世诗人阎防和他的朋友圈

戊戌立夏后二日，江维兄寄来蒙中先生居大理后新出的《归园集》。集中之作，确乎深得陶潜归田园的真意，翻检之间，油然而生退隐之心。

又二日，得江维兄再寄赠蒙中先生临八大山人（朱耷）《临雅宜山人》小品一帧。33厘米×22厘米的小品，唐代诗人阎防一首五言古诗占据了大幅面空间，只在落款处淡笔画一小舟，依稀可见舟上除了船家一人外，三个素心人促膝谈心，风雅可感。此小品重字轻画，但不见失衡，反觉得乎宜然。蒙中兄之淡笔深心，果然出神入化。

阎防不是唐代诗人中的红人或者大家，但喜欢他的人大有人在。人们说"人以群分"，当然也会"人以性聚"，喜欢他的人自然是因为他"放旷山水""高情独诣"的个性。在一般普及性的唐诗选本里，是看不到阎防的名字的。一是因为他诗名小众，二也因为他存诗量小。《全唐诗》很公正，把他存下来的五首诗都录入了，还有一首残句"熊踞庭中树，龙蒸栋里云"存下来，深受爱重者激赏。我估计是某首诗里的最为友朋传唱的一联，至于全诗无法找到，似乎也并不可惜了。

我看阎防的存世诗，基本都是五言古诗。风格近于魏晋，远宗二陶（陶弘景和陶潜），主皆为述志和遣性。《百丈溪新理茅茨读书》开篇就明志："浪迹弃人世，还山自幽独。始傍巢由踪，吾其获心曲。"说自己以巢父和许由这样的隐者为自己的精神榜样，真是深得了他们的归隐心法。

在另一首《晚秋石门礼佛》一诗中，他继续表明自己的心迹："永欲卧丘壑，息心依梵筵。誓将历劫愿，无以外物牵。"隐居到了息心发誓的程度，可见他对喧嚣尘世"严防"死守的态度。《宿岸道人精舍》里，他又用"息心"来表明自己的恒心："重因息心侣，遂果岩下诺。"

那么，能被他引为"息心侣"，并愿意信守岩下之诺的朋友都是哪些人呢？诗人刘眘虚、岑参是他亦官场亦隐者的朋友，刘眘虚者的诗风冲和淡泊，和阎防非常接近。除此之外，阎防应该还有很多同好道友，他们虽然名不见经传，但无可否认地成为阎防精神世界里重要的存在。蒙中先生所临《临雅宜山人》所题诗中的主人即应是其中一位。

这首占据了《临雅宜山人》大幅纸面的诗作，也是阎防几首存世五古诗中的一首，题为《夕次鹿门山作》，全诗如下：

庞公嘉遁所，浪迹难追攀。浮舟暝始至，抱杖聊自闲。双岩开鹿门，百谷集珠湾。喷薄湍上水，春容漂里山。焦原不足险，梁壑未成艰。我行自春仲，夏鸟忽绵蛮。蕙草色已晚，客心殊倦还。远游非避地，访道爱童颜。安能徇机巧，争夺锥刀间。

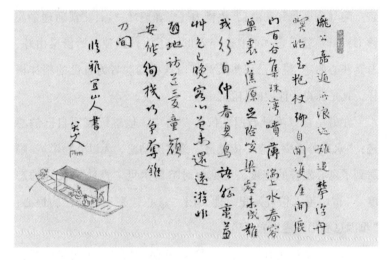

蒙中绘《临雅宜山人》，纸本设色

　　这首诗写阎防仲春访友于夏初才返回的过程，以其所见，发其所感，一如既往地明志遣性。开篇所提到的庞公，应该就是他隐居的道友，生平已然不可考。只是两人分别隐居在不同的地方，阎防大约是早晨出门浮舟访友，大约到黄昏的时候，才到庞公隐居的地方，可见水程不近。收尾一句"安能徇机巧，争夺锥刀间"，颇有些陶弘景回答齐高帝萧道成诏书问询的嘲讽意味。面对萧道成"山中何所有"的问询，陶弘景回答说："岭上多白云。"回答完后，他还不忘展示一下自己的优越感："只可自怡悦，不堪持赠君。"说的尽管是实话，但萧道成读后一定会有点难堪。

仲春出发，夏初才恋恋不舍地回到自己隐居的地方。这一路的所见所感更加坚定了他访道爱童颜的隐居生活。这样的率性自然，当然容易遭到世人的讶异和奇怪的问询，好在他自己早有答案。阎防认为，这个问题本身是不值一答的，他说，"我看到世人在厉害争夺，犹如在锥刀间行走，我真的不愿意同流合污。我羡慕的是鹤发童颜的隐居生活。所以，以后类似这样的问题，还是不要再问我了吧。"

阎防最后应该和庞公一样，终老山水之中。唐以后，宋、元、明、清四朝之中，先后都有不少他的知音。在明代，与祝允明、文徵明并列"吴门三家"的书法家王宠正是他的铁粉。王宠和阎防一样，也有山水之志，在《山中答汤子重书》一稿中，他如此陈述自己的心迹："山林之好，倍于侪辈，徜徉湖上，而忘返。"这样的答问，真是深得阎防的神采。

王宠擅小楷，他用小楷写了很多阎防的言志诗，《夕次鹿门山作》即是其中之一。这幅作品显然已成后世摹写王宠小楷笔意的示范之作。在他去世一百多年后，八大山人睹其作神采，不禁心慕手追，命笔摹写。在收笔钤印之前，他郑重地写上了"临雅宜山人书"六个字，表达了自己对王宠小楷气度精神的激赏。雅宜山人，正是王宠的大号。

如果不是专业中人，今天我们已经很难从王宠（雅宜山人）

和八大山人的两幅《夕次鹿门山作》中分出优劣高下来，事实上，无论是王宠的原作，还是八大山人的临摹之作，他们都有自己的气度和精神蕴含其中，他们都可以独立而成派成家。两作都能看到，阎防的隐者精神在其中闪闪发光，甚至，某种程度上，朱耷寻山隐道的志向，比王宠和阎防更纯粹和更彻底。

厘清了这条精神脉象，我更深刻地理解了蒙中先生隐居大理的大志了。这两三年来，大约他也不断收到过朋友们对于他为什么要隐居大理的问询，和阎防不一样的是，蒙中先生不是用诗来回答，而是用《归园集》中那些素淡清雅的山水画和花鸟图轴来回答。如果一定要用诗来回答，大约应该是如下四句："大理何言好？峰间多彩云。时来任涂抹，画成以赠君。"

此幅《临雅宜山人》画作，是蒙中先生临八大山人临王宠小楷《夕次鹿门山作》，当中的关隘是两次临摹。八大山人临王宠，蒙中再临八大山人。前后三百余年间，蒙中先生可能是无数临写这幅作品的书画家之一，他是否得了王宠和八大山人的神韵？作为眼拙人，我是不敢评价的。但以他息心隐居大理的志向来看，我觉得他不仅得了二位先贤的神韵，而且还寄托了自己的精神。

蒙中先生欣然将这幅画作赠予我，不仅仅是诗题开篇的"庞公"与我同姓的缘故吧？他是希望我学庞公，载道于山水之间吗？他看我在利害中争夺，犹如在锥刀间行走，直欲拉我出这样的泥沼。我现在却尚在执迷中，没有访道爱童颜的志向，想起来真是惭愧。

文彦博：在灯笼锦的两面

电视剧《清平乐》中，突出表现了仁宗朝的一班重臣，其中，文彦博超长服役至哲宗朝，成为少有的历仕四朝、荐跻二府的名臣。

说到文彦博，不得不说他在成都为官的经历。

文彦博于庆历三年（公元 1043 年）十二月以枢密直学士、户部郎中身份知益州，庆历七年三月（公元 1047 年）除右谏议大夫、枢密副使，旋改参知政事，回到东京。除开赴任和回京在途需要的时间，实际在成都工作的时间应有三年整。

文彦博在成都政绩如何？时人是怎样评价的？《宋史·文彦博传》未作详细记录，倒是时人和后人的笔记记录文彦博知益州的一些细节，可资佐证。程颐《蜀守记》："成都人称近时镇蜀之善者，莫如田元钧。文潞公语不善者，必曰蒋堂、程戡。故谣言曰：'彦博亏（亏犹言不如也）田况，程戡胜蒋堂。'言最善之中田更优，不善之中程犹差胜也。"

田况字元钧，于庆历八年（公元 1048 年）知益州，应是文彦博的后任。蒋堂、程戡知益州的时间段当在庆历年之前。程颐所说的谣言，来自当时成都民间的民谣。在成都老百姓的评价里，庆历前后知益州最优的是田况，而文彦博自己却认为蒋堂和程戡的治绩较差，没有正面回应成都老百姓评价的自己不如田况的问题。以第三者的评价来看，程颐尽管也对文彦博颇为认可，但最佳之排位，依然是田况在前，文彦博在后。

无论文彦博认不认这个结论，四任益州父母官的政绩评价，通过民谣这个载体都得到了真实反映。以文彦博的气量，他当不会在乎这个民谣吧。事实上，他相信他在益州的政绩，自有公论。而仁宗很快擢升他为参知政事，一定程度上也是因为他的地方政绩。

根据宋人笔记和成都地方历史文献，可知文彦博在成都的为政措施，主要在强军、济民、扶商、举贤几方面。因四川近陕西，元昊寇边，仁宗对文彦博知益州的最大政治要求，就是强军备援，保守一方平安。"文彦博言本路兵久不习战斗，请立法训练。诏先教以弓弩，即熟悉，又以刀枪阅示之。"同时，更换益州、彭州、邛州、蜀州、汉州五州骑兵数量，以减少骑兵的开支，提升机动能力。在济民方面，他调剂米价，打击豪商。据范镇《东斋记事》记载："文潞公在成都，米价腾贵，民受其困。因就诸城门相近院凡十八处，减价平卖，不限其数，张榜通衢，告知百姓。翌日，米价遂降。"在经济发展上，文彦博大力支持交子务，上奏朝廷"请诸州供钱拨充交子务"，使官交子的发行、交易、兑换有了充足的本金保证，从而使得交子不贬值。在成都工作期间，文彦博还大力举荐贤能，如文同、龙昌期、高惟几、杨文举、田瑜、张九言等，皆是蜀中贤才，后来大都功成名就。平心而论，这几项措施，不仅充分显示了文彦博的文武才能，更直接提振了成都的士气民心，的确称得上善政。

文彦博在从成都回到东京任参知政事后，却陷入了"以贿赂张贵妃而得升迁"的风波。"彦博知益州日，作间金奇锦，因中人入献宫掖，缘此擢为执政。"这是后来台谏官唐介弹劾文彦博时捅出来的消息。文彦博入献的对象，就是当时甚得仁宗宠爱的张贵妃。

事实是否如此呢？同朝为官的梅尧臣所作《碧云騢》是这样说的。仁宗宠妃张氏父亲曾是文彦博父亲文洎的门客，张贵妃乃称文彦博伯父，并通过这种关系，竭力拉拢文彦博，以巩固自己在后宫的地位，在后宫争宠中获得更多的外力支持。文彦博以枢密直学士知益州时，张贵妃示意文彦博进献灯笼锦，以备上元节服装。文彦博接到贵妃的指令后，马上安排人把灯笼锦制成，并送达京师，通过中贵人送到后宫张贵妃处。

梅尧臣的笔记因是同时代记录，恐非杜撰。从唐介弹劾文彦博而文彦博没有反驳这个事实来看，文彦博送张贵妃蜀锦的事应是事实。但仁宗提拔文彦博，恐也并非来自张贵妃的枕头风，更多还是对文彦博为政能力的认可。在唐介的弹劾下，文彦博请求外任，仁宗从其请，以宣抚使前往贝州平王则之乱，这个因蜀锦引发的政治风波总算平息了下来。

处于风波中心的灯笼锦缘何如此打眼？灯笼锦是蜀锦中的珍品，蜀锦中最富丽精巧者，又名"庆丰年"或"天下乐"，因以金线织成灯笼形状的锦纹得名。纹样以灯笼为主体，饰以流苏和蜜蜂。流苏一般是谷穗的变形图案，代表"五谷"。蜜蜂的"蜂"、灯笼的"灯"与"丰"、"登"都是谐音，组合联成"五谷丰登"的吉祥语。现成都蜀锦织绣博物馆收藏有北宋灯笼锦样品，十分珍罕。文彦博以成都地方名物交结贵妃，无形中却推动了最富丽精巧的灯笼锦的形成和扬名国中，也算是一件有益于成都的意外收获吧。

在梅尧臣的《碧云騢》里，还为这个风波留下了一个颇有意思的"彩蛋"。据说上元节那天，张贵妃特意穿着灯笼锦做的衣服去见宋仁宗，宋仁宗一见而惊呼：何处有此锦？张贵妃忙介绍说是文彦博主动织来献给陛下的，仁宗因此对文彦博颇加留意。第二年的上元节，内臣有人作诗说："无人更进灯笼锦，红粉宫中忆佞臣。"仁宗听到这诗后也笑了。

而在电视剧《清平乐》里，一向俭朴的仁宗对张贵妃穿着这样奢靡的服装非常不高兴，要求她以后不要再穿了。以灯笼锦用料的精致和工艺的繁复、成锦的稀少而言，这样的服装，确乎奢侈了一些。而仁宗或许还有一句话没有问出口：文卿所送灯笼锦，其自费耶，其公费耶？

无论是用公家钱还是自费买，文彦博送这么重的礼给张贵妃，在仁宗朝的士大夫风气下，的确有些出格。程颐评价他镇蜀之善不及田况，大约也是因为这件事影响所致吧？

范寥：历史烟云中的成都豪侠

1

写于 20 世纪 50 年代的《容安馆札记》是钱锺书先生三大笔记体著作之一，自 2003 年由商务印书馆影印出版后，在学术界一直广受关注。但由于《容安馆札记》主要用细密的行草写成，中文之中又夹杂着大量的外文，札记稿的天头地脚又引注了许多更为细小潦草的文字，翻检之间，有"如观天书"之感。因此，其阅读理解较之《管锥编》实际更难，一般性的研究和整理遂视为畏途，故《容安馆札记》虽出版多年，但其研究成果并不多见，对于欲通过此著作一窥钱锺书先生学术思想的人而言，不能不说是个遗憾。

2017 年，《容安馆札记》电子版开始在"钱学"研究和爱好者群体中广为流传。赖"视昔犹今"等学人的学力毅力，整理后的电子版虽然仍然有不少缺漏，但因为是第一个可以用来参照对

《容安馆札记》书影

读的电子化版本，故其学术价值和贡献很快得到普遍公认，以这个电子版的出现为标志，《容安馆札记》的研究成果系统化呈现的时机已经来临。

己亥新春，我读《容安馆札记》，偶然读到卷二第495条，一个埋在历史中的"成都豪侠"遂从钱锺书先生细密的行草字体中跳跃而出。

2

《容安馆札记》第495条所论及的主人，是东坡第三子苏过。钱锺书评苏过，认为其"近体诗最无佳致"，说他"矩矱虽存，精彩已失，不复意态雄杰，只是气机平阔"。真要说他的好，也只有《飓风赋》和《志隐》两篇文章，"差有乃翁之气概"。

这样的评论或许并不会惹恼豁达的苏东坡，此条所论，同时也可为研究和分析苏过本人者，提供一个先见的入口。从《洗儿》中"惟愿孩儿愚且鲁，无灾无难到公卿"两句诗意来看，东坡或许并不希望苏过能有他这样的文采——乌台诗案可是因言获罪的先例。再者，"富不过三代"，为文又何尝不是这样？东坡盛名之下，苏过和他的兄弟们显然是很难超越的。

通过苏过的诗文，成都豪侠范信中出现了。

苏过《斜川集》卷一《和范信中雪诗》，写诗的对象，即诗题的"范信中"。这首诗钱锺书先生并未全引，因为诗文显然不是他要论说的重点。他说："叔党（苏过字叔党）数与唱和。"足见两人交情非同一般。《和范信中雪诗》只是其中的一部分。

范信中是谁，值得苏过在下雪天连篇累牍地奉诗酬答？好奇的读者难免会有疑问。钱锺书先生深得札记之文法，更能深体读者意慨，所以不惜利用稿纸的"天头"，不烦要言，将自己广博读闻记忆里的范信中生平事迹一一写出，由此，一个成都豪侠的形象即呼之欲出。

检《容安馆札记》所论范信中之内容，大体可窥钱锺书先生"札记"体文章之思路和文法。先是人物总论，再是分说。范信中这个引出来的传奇人物讲完，复回到对苏过诗文评论的主题。此为钱锺书札记文体的精妙之处：枝繁叶茂而又主干突出。单以此篇论，由文事而备侠注，其"札记"写作的旨趣，因此可见一斑。

钱锺书如何看范信中其人？"《和范信中雪诗》即成都范寥，从山谷于宜州，为料理丧事者。其生平亡命任侠，吊诡多智。"

钱锺书先生说成都范寥，是给黄庭坚料理丧事的人，其所据是《独醒杂志》和《梁溪漫志》两本宋代史料笔记。检《梁溪漫志》卷十，有《范信中》一文，可观其生平：

　　范寥字信中，蜀人，其名字见《山谷集》，负才豪纵不羁，家始饶给，从其叔分财，一月辄尽之，落寞无聊赖，欲应科举，人曰：若素不习此，奈何？范曰：我第往，即以成都第二名荐送。益纵酒，遂殴杀人，因亡命改姓名曰花但石，盖增损其姓字为语，遂匿傍郡为园丁，久之技痒不能忍，书一诗于亭壁，主人见之愕然曰：若非园丁也。赠以白金半笏遣去。乃往称进士，谒一钜公忘其人，钜公与语，奇之，延致书室教其子。范暮出，归辄大醉，复殴其子，其家不得已遣之。遂椎髻野服诣某州，持状投太守翟公（思），求为书吏，翟公视其所书绝精妙，即留之。时公巽参政立屏后，翟公视事退，公巽前问曰：适道人何为者？翟公告以故，公巽曰：某观其眸子非常人，宜诘之。乃召问所以来，范悉对以实。问习何经，曰治《易》书。翟公出五题试之，不移时而毕，文理高妙，翟公父子大惊，敬待之。已而归南徐，置之郡庠，以钱百千畀州教授，俾时畀其急缺，且嘱之曰：无尽予之，彼一日费之矣。顷之翟公得教授者书云：自范之留，一学之士为之不宁，已付百千与之去，不知所之矣。未几翟公捐馆于南徐，忽有人以袖掩面大哭，排闼径诣穗帷，阍者不能禁，翟之人皆惊，公巽默念此必范寥，哭而出，果范也。相劳苦留之宿，天明则翟公几筵所陈白金器皿荡无孑遗，访范亦不见。时灵帏婢仆门内外人亦甚多，皆莫测其何以能携去而人不之见也。遂径往广西见山谷，相从，久之山谷下世，范乃出所携翟氏器皿尽货之，为山谷办后事。已而往依一尊宿（忘其名），师素知其人，问曰：汝来何为？曰：欲出家耳。能断功名之念乎？曰：能。能断色欲之念乎？曰：能。如是问答者十馀反，遂名之曰恪能。居亡何，尊宿死，又往茅山投落拓道人，即张怀素也，有妖术，吕吉甫、蔡元长皆与之往来，怀素每约见吉甫，则于香盒或茗具中见一圆药跳掷，久之旋转于桌上，渐成小人，已而跳跃于地，长大，与人等，视之，则怀素也。相与笑语而去，率以为常。时怀素方与吴储侔谋不轨，储侔见范愕然，私谓怀素曰：此怪人，胡不杀之？范已密知之矣。一夕储侔又与怀素谋，怀素出观星象曰：未可。范微闻之，明日乃告之曰：某有秘藏遁甲文字在金陵，此去无多地，愿往取之。怀素许诺。范既脱，欲诣阙而无裹粮，汤侍郎（东野）时为诸生，范走谒之，值汤不在，其母与之万钱。范得钱径走京师上变，时蔡元长、赵正夫当国，其状止称右仆射而不及司空、左仆射，盖范本欲并告蔡也。是日赵相偶谒告，蔡当笔据案，问曰：何故忘了司空耶？范抗声对曰：草茅书生不识朝廷仪。蔡怒目，嬉笑曰：汝不识朝廷仪。即下吏捕储侔等狱具。怀素将就刑，范往观之，怀素谓曰：杀我者乃汝耶？范笑曰：此朝廷之福尔。又谓刑者曰：汝能碎我脑，盖乃可杀我。刑者以刃斫其脑，不入，以铁椎击之，又不碎。然竟不能神，卒与储侔等坐死。洎第赏，范曰：吾不能知此，汤东野教我也。遂急逮汤，汤惶骇不测其由，既至，白身为宣德郎御史台主簿，范但得供备库副使勾当，在京延祥观，后为福州兵铃。其人纵横豪侠，盖苏秦、东方朔、郭解之流云。

　　这篇文章由于是宋人记录，因此可信度相当高，范寥其人的发现和接受史，除了多参之于《黄庭坚集》外，也多本于此。范信中出生成都豪族，年少时曾创下一个月挥霍完家财的纪录。负才不羁，以成都解试第二名荐送。后因流落江湖，纵酒杀人，不得已改名换姓，当过园丁，也当过私塾先生，但都不长久，后来得太守翟思父子的欣赏而礼聘为书吏，但信中拿了钱又流落江湖。不久翟思故，信中奔丧，翟家留其住宿，信中乘机偷走宴席上摆设的白金器皿。到宜州跟随黄庭坚，黄庭坚去世后，信中为其办理丧事，其所用资金即变卖翟思府上的白金器皿所得。后来，信中以举报张怀素谋反而授供备库副使官职，后又升为福州兵钤。

　　记载范信中生平事迹，除上述两部宋代史料笔记外，尚有陆游的《老学庵笔记》、王明清的《挥麈后录》、蜀人李心传的《建炎以来朝野杂记》等著作。谈范信中盗白金器皿、出版《宜州家乘》等事，大抵不超过此几种著作范畴。信信疑疑，这是史家要务，钱锺书先生虽不以治史见长，但在这篇札记里，依然能看出他严谨的态度。他对陆游《老学庵笔记》记录"高宗问黄庭坚甥徐师川信中是谁"的传闻，引清人郑珍的话认为"放翁此处盖亦传闻之失"。但后来言说范寥其人者，都好谈及这段宫中秘闻，以此为范寥"终不能自达而死"而感到惋惜。

3

将《梁溪漫志》"纵横豪侠"和钱锺书先生"亡命任侠"的总论合观，范寥作为"成都豪侠"的总体历史定论是不差的，但又似乎不完全准确。从其生平事迹来看，少年时一个月挥霍完家财当然也可以被看成是豪侠的品性，纵酒杀人、流落江湖如果没有文采和正义作为支撑，则难免沦落为江湖混子，哪里有他历史留名的机会。今天人们所津津乐道者，却恰恰是他偷翟家的金器最后变卖了为一代文豪黄庭坚办丧事的义举。前之左道旁门，后之正统善义，人们愿意为这样的终局改变传统的是非观念和正邪认知。

钱锺书先生所言范信中"为（山谷）料理后事者"，不失为范寥生平事迹总论之先声。按《容安馆札记》约成书于20世纪50年代，惜未引起学术界广泛注意。2006年，《文史知识》杂志在当年的第六期上，刊出了署名为张静的文章《黄庭坚的临终关怀者——范寥的传奇人生》，其所本皆源于钱锺书先生所据两大宋代历史笔记。张静将其定位为"黄庭坚的临终关怀者"，其持论近于钱先生的"为（山谷）料理后事者"，前论俗近好懂而后论更雅驯通情。提法虽然不一，但总体指认却是相通的。

一个流落江湖的豪侠，如何一变为仗义匡士的文人？这还得从范寥的家世说起。

　　据考，范寥迁祖范隆于广明年间（880—881）迁居成都。到其孙范绍温时，已成为成都有名的家族。范绍温生子范昌佑，范昌佑生两子，长子范琢，次子范璨；范琢生二子范度、范祥。范度这一支在北宋相当兴盛，他有三个儿子，其中就有官至翰林学士、与司马光齐名的北宋名臣范镇（1008—1088）。在曾孙辈中，还有官至翰林侍讲学士的范祖禹（1041—1098），可谓文运兴旺。

　　与范琢这一支相比，范璨这一支则显得默默无闻，不过传了四世，到范镇的孙子、范祖禹这一辈时，却出现了范寥这样一位奇特的人物，可见范寥的家族基因上还是在文而非侠上。受家族基因影响，范寥的文学底子非常扎实，所以即便他受唐代传奇的影响而深慕豪侠风气，骨子里还是对温柔敦厚的文学风尚念念不忘。张静认为："范寥当为山谷的书法名望、诗歌造诣吸引而来。"这当然不是凿空之论。黄庭坚说范寥"好学士也"，也当然不仅仅是出于客气，而是范寥实际的文学修养如此。

　　范寥真为山谷书法名望、诗歌造诣吸引而去？修水县长期从事文物研究的陈靖华先生认为并非如此。他通过详细考证，得出了范信中为黄庭坚妻舅的结论。（参陈靖华《范信中其人》，《九江师专学报》，2003 年第 4 期）如此出于亲戚间的责任，当然淡化了范信中的侠义色彩。既是妻舅，黄庭坚从贬去宜州到最后在宜州去世，范信中当然有照顾和料理的责任，早年"酗酒斗殴，狂歌短叹，是故意装作，以掩人耳目而已"。陈靖华还认为，黄庭坚病逝宜州时，有外甥徐师川、好友唐次公、蒋㵘等人在榻前，绝不是范信中在《宜州家乘》序言中所说的"子弟无一人在侧，独余为经理其后事"。然则徐师川等为什么对《宜州家乘》序中那些不符合事实的内容视而不见，避而不谈呢？陈靖华认为：这主要是出自亲情、友情，情愿自己受点委屈，成全他人之美。

真侠义还是假侠义？依附于历史文献的当代研究本质是还历史人物本来面目，但陈靖华的《范信中其人》一文，却让范信中的形象更为扑朔迷离。

4

《梁溪漫志》中《范信中》一文，还有一段范信中举报张怀素谋反并得朝廷授官值得细说。

范信中在宜州办理完黄庭坚丧事后，走投无路下投靠了落拓道人张怀素。时张怀素与吴储、吴侔堂兄弟密谋造反，因吴储、吴侔认为范信中是怪人，遂唆使张怀素杀了范信中。范信中有所察觉，便以计脱身，在得到好友汤东野母亲资助的万钱后，到京城告发了张怀素。张怀素谋反"事泄，朝廷兴大狱，坐死者数十人"（王明清《挥麈后录》）。朝廷论功行赏，范信中推功汤东野，说这都是拜汤东野所教。于是朝廷授予汤东野宣德郎、御史台主薄，而范信中被授予供备库副使。很显然，范信中的豪侠之举，正在于他没有独自吞功，而将主要功劳推让于给予他良好政治教导的汤东野。

宋人编撰的人物传记《京口耆旧传》里，对范信中这段告发谋反的事迹却有另一番叙述：范寥离开宜州后，来到和州，闻知张怀素与知州吴储兄弟谋逆，于是乔装打扮，要求做张怀素的仆隶。张怀素问范寥识不识字，范寥说不识。为了考察范寥，张怀素让范寥晚上留宿于一间书室，范寥入书室后，倒头便睡，对满屋文字看也不看。张怀素还进一步试探范寥，写了一封诉讼范寥的文书，让范寥持入州府，范寥就真的这么办了，根本不知道文书上写些什么。张怀素因此大喜，从此凡是张怀素与吴储兄弟密谋逆反的书信，都让范寥传递，于是范寥掌握了张怀素等谋逆的证据，从而上京告发。

《京口耆旧传》是一部人物传记总集，当然有传奇的成分，因此不如《梁溪漫志》更值得采信。而在《挥麈后录》卷八的记录里，范寥之所以追随黄庭坚，却是身受张怀素之命，怂恿黄庭坚以文坛大家的身份谋逆。黄庭坚听说范寥的谋逆之计，惊恐万分，掩耳而走。不久黄庭坚去世，范寥更为窘迫，于是听从黄庭坚生前的主意，上京告发张怀素。

对读三著中关于范信中的记录，我们倒也不难对范信中的侠义行为做出合于人物心理和情理的分析：范寥当初投靠张怀素，难免有投机心理，这合乎他作为江湖游侠的利益动机，并不完全是为了摘奸去患而刻意委身潜敌，只是到了后来，他发现张怀素等人的谋反根本成不了气候，才以计脱身，上京告发，不仅一举洗白了自己这段危险的从逆生涯，还得到了朝廷的恩授，从此告别江湖游侠动荡不居的生活，真可谓一举两得，其趋利避害的远见能力真非同一般。

张怀素谋反案牵涉众多朝廷要员，其中就有王安石。王安石将自己的长女嫁给同僚吴充之子吴安持。吴安持生子吴侔，即张怀素谋反案中的三大主犯之一，案发后和张怀素及堂兄吴储一同被凌迟。这个被王安石寄予厚望的外孙，最终却落得如此下场，不能不让人唏嘘叹惋。

吴侔被凌迟之时，王安石已亡故 21 年，他当然看不到小外孙的人生悲剧，不然，他会在那首传之后世的《赠外孙》诗里，告诫外孙"长成须远张怀素"，而不是"长成须读五车书"了。

5

范信中最后的人生履历，按《梁溪漫志》记录，为"福州兵钤"。这是一个全称为"兵马钤辖"的从六品军职，领福州兵马之事，职位大约近于今日的福州军分区司令员。

不过，也有研究发现，范寥最后还做到邕州知州兼安抚使，这是一个从五品的官职，但对于范寥的意义却不单纯是升了一级这么简单，他以告发张怀素得武官职，因此无论是供备库副使，还是兵马钤辖这样的职务，都是武官，而以邕州知州兼安抚使，则证明他已经有了主持一方政务的机会而进入文官系统，不再单纯是一个武官了。

从举报张怀素谋反得功授从八品的供备库副使，到后来的从五品知州，范信中的官升得并不是很大，但好歹成了朝廷命官，不用再游侠江湖。范信中的人生逆转，真可谓得之于侠者多也。张静在《黄庭坚的临终关怀者——范寥的传奇人生》一文中，谓其"左手弓刀，右手书笔"，宽柔刚毅，侠儒兼之，评价甚高。

范信中儒的一面能否当之？《梁溪漫志》谓其文理高妙，书法精湛，可惜没有多少作品留下来。其传世诗文仅有一首七绝《从庭坚城南晚望》，水平一般，不足评议。诗云：此邦虽在牂牁南，更远不离天地间。人生随处皆可乐，为报中原只如昨。

范信中留下来的另一篇诗文，便是《宜州家乘》序，其全文如下：

崇宁甲申秋，余客建（康），闻山谷先生谪居岭表，恨不识之。遂溯大江，历溢浦，舍舟于洞庭，取道荆、湘，以趋八桂，至乙酉三月十四日始达宜州，寓舍崇宁寺。翼日，谒先生于僦舍，望之真谪仙人也。于是忘其道途之劳，亦不知瘴疠之可畏耳。自此日奉杖履，至五月七日，同徙居于南楼。围棋诵书，对榻夜语，举酒浩歌，跬步不相舍。凡宾客来，亲旧书信，晦月寒暑，出入起居，先生皆亲笔以记其事，名之曰《乙酉家乘》，而其字画特妙。尝谓余，他日北归，当以此奉遗。至九月，先生忽以疾不起，子弟无一人在侧，独余为经理其后事，及盖棺于南楼之上，方悲恸不能已。所谓《家乘》者，仓卒为人持去，至今思之，以为恨也。绍兴癸丑岁，有故人忽录以见寄，不谓此书尚尔无恙耶！读之怃然，几如隔世，因镂板以传诸好事者，亦可以见先生虽迁谪，处忧患，而未尝戚戚也，视韩子退（退之）、柳子厚有间矣。东坡云御风骑气，与造物游，信不虚语哉。甲寅四月望日，蜀郡范寥信中序。

此序文较之上绝的平淡，最可贵者乃在于情真意挚，因此可称高妙。《京口耆旧传》称其晚年"诗酒自放，吕本中、韩驹等皆尝与之唱酬"。在吕本中的《东莱先生诗集》卷一四《简范信中》里，范信中被吕本中誉为诗人：诗人例穷君不然，画堂绣户罗婵娟。当时乘醉出三峡，至今妙句留西川。底事新来多退缩，梅花满眼看未熟。便期载酒约来冬，似要恶诗相抵触。晓来寒凛似中原，君忍闭门清昼眠。我病犹能相追逐，知君心期终不俗。但携二妙唤诸公，一醉落花吾亦足。

范信中留在西川的妙句可惜没能留下来，今人失去了品藻其文的机会。虽然知道范信中心期不俗，但此时的范信中已到人生暮年，江湖豪侠之气也已蜕尽，他怕是再难有所作为了。

曾为中书舍人的朱翌写了一首《简范信中》的同题诗，又称范信中为公子，这大约是范信中尚未在朝廷任职之前写的吧：

天下皆闻公子贤，轻裾长袖更争妍。青春自向东山好，下客空怀代舍迁。生活不甘诗冷淡，年光专用酒留连。直须万里骑黄鹄，俯仰安能在一橡。

朱翌因不依附秦桧，被谪居韶州十九年。因此，尾联是在勉励范信中，实际也是在自我激励。

《宜州家乘》书影

由是观之，范信中因家学渊源，承继了范氏先祖的文学基因，加之曾从黄庭坚游，得到熏陶，具有很高的文学修养和艺术寄托。其平生最大之功业，在于为《宜州家乘》作序并主持出版，为研究黄庭坚的晚年生活提供了重要的信史。这当然是可以载之儒行的一个善举。

6

最后，我们还是要做出一个结论：范信中当得起"豪侠"这个称谓吗？

《梁溪漫志》中，范信中一个月挥霍完家财的壮举，是当不得豪侠之称的，看起来更像是个富家浪荡子。而杀人改名，做园丁、当家塾，都只是江湖传奇，上不得席面。盗取翟家白金器皿以备黄庭坚丧事之用，则更近于文人踵事增华，附丽传言，当不得真。如陈靖华先生的考证，其以妻舅之身份照顾黄庭坚并料理黄庭坚后事，更多出于亲戚间的责任而非侠义之举，更何况，其在《宜州家乘》序言里所称的"子弟无一人在侧，独余为经理其后事"也有颇多疑点，早有人提出了有其他人在场的证据。如杨万里《诚斋集》卷一一七《蒋彦回传》记载蒋潒为黄庭坚办理后事：山谷卒，为买棺以敛，以钱二十万具舟送归双井云……又，叶廷管《吹网录》卷四《山谷〈宜州家乘〉非原本》称：自其（范寥）三月到宜之后，略不齿及唐、蒋（指蒋潒）二人名，其中不能无疑。盖寥本倾险之士，细味其序文前后诸语，及以窃逃翟氏银器事揣之，《家乘》之失，当即寥所藏匿，而托言他人持云，春藏匿者正为计削去唐、蒋之名，独攘其美。故事阅三十年，又托言友人录寄而刊板。曰"当寄"，明非原本，此以避时人索阅山谷手书，且可意为粉饰，争名之心，至此可为极巧，而亦极苦矣。

但是这些证据并没有改变范信中成为"独立一人为黄庭坚办理后事"者，原因盖同于黄庭坚甥徐师川的心理：出自亲情、友情，情愿自己受点委屈，以成全他人之美。

很显然，宋以后的士林是非常乐意传播这段文坛佳话的，其中不全然是出于对范信中的成全，更多的是希望这个士林美谈一直流传下去，以安天下读书人之心。要知道，黄庭坚苦病死于宜州，范信中的临终关怀，虽然有一些小瑕疵小问题，但大体讲来，总是一件值得安慰和肯定的义举。

明乎此，我们也不难对范信中做出最终的评价：以文事论，范信中尚不足以目为显儒；以侠义论，范信中不过用财如粪土、善于投机择利的豪侠，尚未达到为国为民之大侠高度。仅从时人成全的"独立一人为黄庭坚办理后事"及为《宜州家乘》作序并主持出版这两点来看，其儒侠兼之的评论是当得起的。

7

要说论范信中之准确，或许还是要推黄庭坚。毕竟，这是他生命最后朝夕相处的人。

在《和范信中寓居崇宁遇雨二首》其二里，他是如此定义范信中的：

成都豪侠范信中概念图。罗乐绘

当年游侠成都路，黄犬苍鹰伐狐兔。二十始肯为儒生，行寻丈人奉巾屦。千江渺然万山阻，抱衣一囊遍处处。或持剑挂宰上回，亦有酒罢壶中去。昨来禅榻寄曲肱，上雨傍风破环堵。何时鲲化北溟波，好在豹隐南山雾。

　　看到关键词了吗？游侠，儒生。这是黄庭坚最后留给范信中最准确的人生定位。范信中凭借《宜州家乘》成全了黄庭坚的晚年岁月，而黄庭坚却用这首诗，成就了范信中的一生。这，不能不说是他们难得的人生缘分。

"兄弟状元"：阆中的精神遗产

大江入蜀始阳平，流到阆苑可称惊。

每一次从锦屏山俯瞰阆中古城，我都会生发出一种"造物何待之厚"的感叹。

嘉陵江千里奔流，从阳平关入蜀，一路上气度不凡之处虽也不少，却到底缺少阆中城这样阔大而玄妙的气象。它对城市的抱持和对人的维护，几乎是川中唯一的特例，像一对偏心的父母，将自己全部的精华，在阆中城孕于一体。

在这样的气象之下，阆中俊彦与雄杰层出的历史，便成了独宠之下的当然回报。"兄弟状元"在唐宋两朝的接替出现，是这种回报的最好答案。

"兄弟状元"的榜样意义

"兄弟状元"在中国科举历史上是一个非常有意思的现象。

因为稀缺，因为示范效应，使得传奇附丽本事，更增加了传播的深广度。由是千百年而下，历史本来的面目渐渐模糊，当代文旅思维却让传奇附丽变得日益清晰。

"打虎亲兄弟，上阵父子兵。"在中国人的传统观念里，父子、兄弟在五伦关系中因为信任的根基而成为一种阳刚、力量和无所不能的存在。稍作钩沉即会发现，各地科举以来的"兄弟状元"还真不少。他们的名字随着传奇留下来，成为地方文旅思维下的一个吸游看点。如山东曲阜孔纬、孔缄、孔缵"兄弟三状元"，河北邢台的崔昭纬、崔昭矩"兄弟状元"，河南雍丘的宋庠、宋祁"兄弟状元"，还有中国历史上唯一的兄弟武状元陈鳌、陈鹗……例子还有很多，不一一举出。

按这个"兄弟状元"的成名逻辑，还有"父子状元""兄弟进士""父子进士"这些副品牌，如山东东平的梁灏、梁固父子，临近阆中的西充马廷甽父子等，他们都诞生于唐宋明清这几个科举制的丰隆期，士子交羡、家族鞭策、地方昭举之下，"学习状元好榜样"成为官方和民间难得默契和统一的共识。

然而，要说"兄弟状元"的传奇性，古城阆中的这一对"兄弟状元"比起上面提及的几对"兄弟状元"来，实在是有名得多。他们是传为唐德宗贞元七年（公元791年）状元及第的尹枢和唐宪宗元和八年（公元813年）状元及第的尹极兄弟，历史上有"梧桐双凤"之美誉。

考尹枢"状元及第"的贞元七年，吐蕃攻唐灵州，回鹘击败之，遣使赴唐献俘，晚唐边患加剧，兵戈乱象丛生，到尹极"状元及第"的元和八年，朋党大盛，更有振武节度使李进贤之变。如此，武备之下的文事勃郁则显得非常可贵，难得的是，那些出生苦寒的读书人，对榜样的号召刻骨铭心，夜以继日，发奋沉潜，期望有朝一日登上皇榜，以偿平生之愿。

阆中不沿边不靠海，除了民变和内乱，唐朝政治上的边患兵戈是很难影响及之的。加之阆中历史上素重农桑，保持着较好的耕读传家传统，"春节之父"落下闳开创并奠基的天文历算学，因任文孙、任文公父子和三国周舒、周群、周巨家族成员的承继，在这里遂成显学，成一国之高地。到了唐朝，李淳风、袁天罡师徒将死后的阴穴选在这里，又为阆中树立了一个风水学上的标杆。

上及天文，下究地理，天地之间的读书人，自是应该受惠于这样　批先祖的恩赐吧。

尹枢约出生于唐玄宗开元八年，即公元720年，距离李淳风去世的670年，刚好50年，一朝一国的读书种子传奇在阆中诞生。

"自放状头"的史实疑云

然而尹枢自放状头的史实实在存疑不少。

按尹枢"状元及第"之事，首载于《唐摭言》：

杜黄门第一榜，尹枢为状头。先是杜公主文，志在公选，知与无预评品者。第三场庭参之际，公谓诸生曰："主上误听薄劣，俾为社稷求栋梁，诸学士皆一时英俊，奈无人相救。"时人第五百余人，相顾而已。枢年七十余，独趋进曰："未谕侍郎尊旨。"公曰："未有榜贴。"对曰："枢不才。"公欣然延之。从容，因命卷帘，授以纸笔，枢援豪斯须而就。每扎一人，则抗声斥其姓名，自始至末，列庭闻之，咨嗟叹其公道者一口，然后长跪授之，唯空其元而已。公览读致谢讫，乃以状元为请。枢曰："状元非老夫不可。"公大奇之，因命亲笔自扎之。

　　《唐摭言》是文言小说集，非史传文字，多演绎和传奇，以此刻舟求剑，认定实有，难免沦为笑柄。钱锺书先生在《容安馆札记》第36条中对此有评议，其"小说俚言，阑入文字，晚明最多"之句虽引自清人平景荪《霞外捃屑》中的评论，却也可作为钱锺书先生的文学史观看，当然也是《容安馆札记》第三十六条之题旨所在。平景荪或许忽略了一点，在传奇小说出现的唐朝，这类"小说俚言，阑入文字"的现象即有发生。《唐摭言》中记尹枢自放状头一事，或即是唐时一例。

　　然则《唐摭言》何以有如此高的影响力？

　　一方面，固然是它专于汇录唐朝的科举制度掌故和科举士人言行，又多为选举志所未备，可补专项记载之阙遗；另一方面，则关乎我国的文体流变风习。钱锺书先生在平景荪的《霞外捃屑》中拈出数语，示解其疑，可谓慧眼如炬，深有烛照发挥大义之用："明季人犯此病者多，以其时小说盛行，人多喜读之故也。"这大意是说，晚明文人爱犯将小说俚言阑入文字的毛病，主要原因在于当时小说这个文体盛行，人们喜欢读之故。

以此来考证《唐摭言》的流行，正可谓理同心同。《唐摭言》生于传奇小说初兴的唐晚期，律法谨严、较少生气的诗歌让之于记叙详细、生动的小说，成为士人争读的文本，这是文体流变的必然规律，加之其时的官方史传文字，其刻板肃正的写作，也大远于太史公之笔法，士人不爱看、不愿看，再是自然不过。

由此，便有了"援历史入小说"的可能。《唐摭言》与尹枢自放状头的传奇，当不外如是。

官方、媒介和民间遂以此为据，班演传奇，踵事增华。严肃的史实观察和分析者，则不免要质疑。学者黄涓在其论文《状元传说与阆中旅游》中，引清人赵翼在《陔余丛考》中的评论，力图让尹枢自放状头一事，回归本来面目：唐时填榜已空状头也，然填榜何患无人，乃令举子自书，恐唐制亦未必如此。《唐摭言》所云，未可信也。

然而，赵翼的声音太小，他被"梧桐双凤"这个阆中官民交传的传奇遮盖了，或者说，是忽略了，人们为了壮大"兄弟状元"的门楣和声势，不惜林冠尹戴，拉来林藻"考场神助"的故事为尹枢而用［详参黄涓《状元传说与阆中旅游》，《西华师范大学学报》（哲学社会科学版），2010 年第六期］，其后，更有复制唐代阆中状元尹枢状元卷问世，至此，尹枢"自放状头"似成定谳。

在尹枢尹极"兄弟状元"之后，不到100年，阆中又出了陈尧叟、陈尧咨这一对"兄弟状元"。相比尹枢、尹极兄弟状元正史记载的缺无，陈氏兄弟状元的正史行状则夥也，难怪四川老乡，同为宋人的范祖禹都不免要羡慕说："宋兴以来，言兄弟之贵者，以陈氏为盛。"

前有尹枢、尹极"兄弟状元"，后有陈尧叟、陈尧咨"兄弟状元"，你看，榜样的力量真是无穷的。

两个遗存：隆盛与孤寂

2019年仲春，我在一个下着小雨的上午，再次走进阆中古

阆中状元坊

城，访问"兄弟状元"的遗迹。

因为"状元府第"的召唤，我在华丽壮观的"状元坊"并未停留多久。不长的"状元街"上，密布着无数家旅游店铺。在阆中古城的核心地带，商业的现实考量显然并不允许过多的公益文化遗留。多年前第一次在阆中古城的匆匆行脚，"兄弟状元"的当代遗留并没有给我留下深刻的印象。历史久远，我担心这一次的再访，会同样的一无所获。

事实证明了我预感的准确。当我抬脚迈入状元府第的高门槛，发现这个想望中的胜迹早已经变成了一个民宿而不让人随意进入了。"状元府第"的匾额和"梧桐双凤"的影壁倒是有，让这家民宿看上去与"兄弟状元"有一些关联。门口的旅游导识牌

阆中梧桐双凤照壁

上，分明写着："传"兄弟状元曾寓居于此。

一个"传"字，道出了状元胜迹的尴尬，或许，还有一些历史的心虚。

那潜台词是说：传说而已，不必认真。

历史有时候就是这样，你不较真，虚妄也强大；你一较真，强大即刻就虚妄了。

在强大和虚妄之间，该如何安放"兄弟状元"的传奇？

出租车司机推荐我去古城附近的"状元洞"，说那里有很多尹枢、尹极兄弟的遗存。我知道那里其实和尹枢、尹极兄弟没有任何关系，那是陈氏兄弟状元的精神道场。为此，我估计很多当地人和这个出租车司机一样，对尹枢、尹极和陈氏兄弟这两对兄

阆中四状元群雕

弟状元傻傻地分不清楚。

但陈氏兄弟精神道场的顶礼隆盛程度远远超出了我的意料，于中更可见出人们对两对"兄弟状元"重视程度的不一。其实从历史时代上来看，晚唐和北宋，他们相隔的历史时空并不遥远。

两相对照，古城中的"状元府第"则确实清冷空寂得多。

强大和虚妄，这是历史的暗喻，也是现实的明喻。

用其实有，这是要借"兄弟状元"之名、兴古城旅游之实的当代阆中人深深懂得的道理。从这个意义上来讲，虚实又有什么关系呢。

两极解读：向死而考与虽老不息

太宗皇帝真长策，赚得英雄尽白头。

赵嘏这句诗不管是否因尹枢、尹极"兄弟状元"而感发，但确是科举制让今天的人斥的典型写照。

尹枢、尹极兄弟以古稀之年成就科举功名之顶，当真赚了他们一生的光阴。传奇文本记录里，说尹枢、尹极两兄弟中状元之后，因为年龄太大，帝国并没有给他们授予实际的官职，而是给予优厚的养老政策，让其安度余年。

考到头发都白了，虽然最后考上，但没得到科举制度的任何实际好处，科举之害，莫此为甚。

按说尹枢、尹极这个年龄算很大了，可历史上还有比他们兄弟俩更老的考生。清乾隆朝的谢启祚比尹枢兄弟老多了，他考取举人那一年98岁。据《郎潜纪闻初笔》卷六《谢启祚耋年登科》记载，谢启祚参加的是乾隆五十一年（公元1786年）丙午科广东乡试，面对别人的劝阻，他说："科名定分也，老手未颓，安见此生不为耆儒一吐气？"在他看来，科举功名是决定一个人名分的大事，不能糊涂，更不能随便放弃。当年放榜，他终于中举，于是以《老女出嫁》为诗题，写了一首诗，形容自己高龄中举的心情：

> 行年九十八，出嫁不胜羞。
>
> 照镜花生靥，持梳雪满头。
>
> 自知真处子，人号老风流。
>
> 寄语青春女，休夸早好逑。

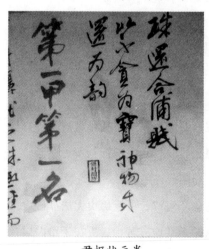

尹枢状元卷

98岁还去考，你个老不知羞的。

人家都98岁了，还诳人家去考试，你个害人的科举制。

比起西西弗斯永无止境地重复徒劳地推巨石上山，谢启祚和尹枢、尹极当然算不得是悲剧人物，因为他们最终功德圆满了。

然而，越是尹枢、尹极和谢启祚这样的"老手"，越是帝国需要标举的科举英雄，在官方语境里，这是虽老不息的最佳示范。

政治标榜的这一极，当然比"向死而考"的批评一极强大而有号召力。

官方的政治标榜之下，还有民间的现实需要，勤学苦读、勇攀高峰、积极进取、励志劝学，时代太需要这样的精神榜样了。尹枢、尹极，你们责无旁贷，义不容辞。

正是：说什么辛酸，道什么摧残，你看那古往今来的科场，有几人得这样的荣光。老何妨，老何妨，考个功名，做个示范，让令名天下传。

城市选择：以文以武，文武互兴

华灯初上，阆中古城迷人万端。

在南津关古镇，持木制丈八蛇矛的演员将猛张飞演绎得有模有样，赢得游客阵阵掌声。想起日间行走在桓侯祠所见所感，突然想张飞要是不在壮年被杀，蜀国或许还有另一番光景。

再惜英雄身首异，千古追念拜南津，可惜历史无法靠假设推演。尚武的张飞给阆中的贡献，不唯地方善治，更在于给温柔敦厚的阆中古城，留下守迤镇远的阳刚与威服之道。

史传张飞在阆中的七年，爱民如子、治理有方、劝课农桑、发展生产。以武人之身，深得文治之道；又在文治同时，以阆中为屏障，加强了蜀国的武备。阆中在张飞治下，进入到了前所未有的兴旺发达阶段。

文化的勃兴和文明的维持当然需要武力的保障。从这个意义上来讲，猛张飞与老尹枢、老尹极，恰好构成了古城繁盛的两个主要要素：以文以武，文武互兴。

孔子说：张而不弛，文武弗能也；弛而不张，文武弗为也；一张一弛，文武之道也。别以为和平年代，就不谈武事。更不要以为，所谓武者，即是兵戈。真正的"武"字解义，放在今天，正是作为武者的猛张飞在阆中的善治上治和与民休息。古往今来治阆中者，或有超过猛张飞的吗？

这是一个历史设题，答题的来者，需要认真从阆中亦文亦武的历史过往里，寻找答案。

如今，当我们把传奇和史实放两边，看看近年来阆中高考成绩稳居南充市前列的数据，也就明白了"兄弟状元"们存在的意义，当然，还有张飞治阆的意义。

传奇因文旅需要而存在，它们在众口交传中长出枝叶，长成大树。

而史实早已被岁月深埋，最后沉于混沌的黑洞。

传奇和史实有它们自己的生长路线，并构成自己的生长逻辑，彼此相安无事。

城市文旅的勃兴，用传奇就足够了。而史实呢，那是史家的事。

那家占其位而无其实的民宿，你还是让出来吧，"状元兄弟"要回家了！

黄峨：作为杨慎的夫人

　　明嘉靖四十五年（公元 1566 年）十二月庚子午时，嘉靖皇帝崩。次日，颁布遗诏，有云：自即位至今，建言得罪诸臣，存者召用，殁者恤录，见监者即行释放原职。

　　这个和大臣使性斗气了一辈子的皇帝终于在死前修正了自己的错误，可惜杨慎没有等到这一天。公元 1559 年 7 月 6 日，这个因"大礼议"而开罪皇帝的大才子，没有等来赦免放还归蜀的诏令，于冲和淡然中辞别人世，其《临终绝笔自赞》，有对自己客死古滇的超凡了悟：

　　　遭逢太平，以处安边……吾之涯分，止矣足矣。困而亨，冲而盈，宠为辱，平为福者耶！死亦不忧，生亦不喜，生顺死安。可谓云耳。死于此，葬于此，斯已矣。积善有报在诸子，师友相厚之极，故及此。

　　杨慎知道，嘉靖到死也不会改变圣意，所以"生顺死安"，无所憾恨。倒是嘉靖始终"记挂"着这个"刺头"。据说杨慎去世后不久，嘉靖曾派遣使者去探视。"启棺，见青衣布袄。使还以闻，帝感动，赐还原官。"明人简绍芳编次的《杨文宪升庵先生年谱》对此有详细记录，因简绍芳是杨慎友人，所以颇可采信。由此也可说明，杨慎的去世，对嘉靖有很大的触动，一定程度上促成了七年后宽恤罪臣的遗诏。

　　和世间所有有才有德的女子一样，夫人黄峨留下来"打扫战场"。未亡人的责任，不仅要处理丈夫的后事，清理丈夫的文学遗产，还要面临恤后等烦琐的家族事务——尽管她和杨慎并未育有半子，但她对原配王氏、侧室周氏和曹氏所生的儿子皆视同己出。在处理丈夫后事这个具体而敏感的事务上，黄峨表现出了非凡的主见和睿智。她不仅第一时间从新都赶往云南（迎于泸州），还在具体的葬仪上拿主意，定调子。五子宁仁主张施行完善的丧礼，即按杨慎的翰林修撰的官职来办理丧事，没有想到却遭到黄峨的反对，她对宁仁说：你的父亲是以谪人之身而去世的，现在朝廷对"大礼议"罪臣的处理意见并没有改变，因此不能按翰林修撰的身份成丧，应以《春秋》大义为准绳，实行藁葬。

　　藁葬之后不久，黄峨和宁仁等来了嘉靖对杨慎"赐还原官"的诏命。看起来顺理成章的"盖棺论定"里，隐伏着嘉靖复杂而幽微的帝王心术。而对黄峨和宁仁而言，这样的诏命背后，其实更隐藏着一种礼仪和伦序的危机。黄峨明白，丈夫以"大礼议"而开罪皇帝，自然在生死大事上不能被皇帝抓住把柄，作为未亡人，在处理丈夫后事时，一旦违反"仪礼"，那个隐伏的危机便会立刻降临。所以，她才会毫不犹豫地反对宁仁欲"成丧"的想法。为人子，宁仁此想出乎孝心，本可理解，但他显然没有洞悉这个违礼逾制的举措可能带来的危险。从公元1518年自己嫁给杨慎算起，40余年的川滇分离，祸因皆在礼制。宁仁的成丧之礼，显然是对皇帝的公然挑衅：杨慎虽有修撰之职，但到死还是个谪人，藁葬是符合他的身份的。

黄峨对皇权的"示弱"其实不妨看成一种深明大义，这样的"示弱"更见出她异于常人的政治智慧。数百年来论黄峨者，皆只识其才，而少及其智。须知先藁葬再赐还原官这样的政治伦序对于保全杨慎身后有重大意义，错一步将可能对杨慎及其后人带来灾难性后果。

如果说公元1559年杨慎的去世，对嘉靖有所触动的话，那也仅仅限于嘉靖对杨慎个人命运的怜悯，而并没有达到否定和改变自己坚硬的政治态度这个高度上来。以嘉靖对杨慎父子"恶之特甚"的心理，不难理解他为何要迟至公元1566年大限将至时才完全改变自己的态度，这七年时间里，他要翻手为云覆手为雨也并不是没有可能——这当然取决于罪臣们的表现。

更进一步分析，嘉靖所派遣的使臣，看起来不外是对家属的一种慰问，但实质可能还是一种不亚于生前的行为监视，这种监视深藏着一种可能的死后清算：一旦失礼逾制，不仅后人遭殃，而且极有可能精神"鞭尸"，著作焚毁。从这个意义上来讲，黄峨读懂了嘉靖复杂的心理，也因此做出了正确的政治判断，为保全杨慎的文学遗产做出了重大贡献。

杨慎以 72 岁去世，黄峨以 71 岁去世。1559 年，杨慎去世后，黄峨又坚强地活到了 1569 年。在生命最后的十年里，她不仅亲眼看到嘉靖为包括自己的丈夫在内的大臣平反，还等来了朝廷赠予丈夫光禄寺少卿及庄介的谥号（天启中改谥文宪，后以杨文宪传世），她守护着这个才子留给家族和世人的精神财富，并承担起了教育后代的责任。

三十余年苦守，后十年"打扫战场"，当年写作《寄外》的诗才或许还有，但黄峨早已将这样的才情转化成对杨慎的生死守望，其德行远超其才情。也难怪，清人赵贞吉在撰《杨文忠公墓志》时，也不忘宕开一笔，大赞黄峨的德行：石斋公（杨廷和号石斋）处浅土四十年，纪纲家务，付慎继室黄氏。氏有才志，几杨氏婴、曰矣。亦天以报公，勤劳王家也。

天报杨慎，使黄峨为继室。从肌理细腻的诗词和年谱等文字里，我们发现了一个不一样的黄峨。跳出才子佳人、苦命爱情的历史浅见，我们会发现，黄峨过人的才、智、德，为我们今天能继承杨慎留下来的巨量而深厚的文学遗产，实在是其功大焉。

陈廷敬何以被称为"完人"？

央视八套推出的历史正剧《一代名相陈廷敬》，是继作家王跃文的《大清相国》之后，第二个对陈廷敬其人进行通俗传播的文艺作品。以陈廷敬在清初的政治地位和影响、历史评价，其知名度实不应在明珠之下。但今天的公众对陈廷敬缺乏了解，由此也见得出这类通俗历史正剧的价值所在。

客观评价，陶泽如演的陈廷敬可圈可点，但还不算完美。其余如扮演康熙、明珠等的演员，表演实在不能和主演"帝国系列"的焦晃、陈道明等媲美。举个细节，可以看出演员的不讲究：陈廷敬从云南出差回京参见康熙，康熙扶陈廷敬起身，感慨地说：先生额上又多了白发！其时陈廷敬冠帽遮发，帝何从见白发耶？此其一。又，太后薨，康熙下诏为太后立传，镜头呈现出的诏书小楷，真不如练家小儿功夫，剧组找一个毛笔字写得好的人代笔有那么难？然后是康熙用玺，硕大的玺盖到诏书上，半边都是花的。可见潦草，不讲究。

好在陶泽如这条人物主线的表演尚能看，因此也可以说瑕不掩瑜吧。和同期的《如懿传》等清宫剧集比起来，前者的政治斗争似乎远没有后宫的斗争精彩。倒是陈廷敬这个人物的人生精彩度，却万万不是后宫那几个小主比得过的。

陈廷敬生于清崇德四年（明崇祯十二年，公元1639年），原名陈敬，字子端，号悦岩、午亭，山西泽州人。卒于康熙五十一年（公元1712年），谥文贞。陈廷敬为官53年，六部除了礼部和兵部没有主理外，其余吏、户、刑、工四部几乎干了个遍，堪称政治上的全能人才，康熙对他的评价是八个字：宽大老成，几近完人。所谓金无足赤人无完人，盘点历史，不过孔子、范仲淹、王阳明、曾国藩数人而已，陈廷敬几近于完人，这已是相当高的评价了。

窃以为陈廷敬生逢其时，乃能得全身而退，并得到如此评价。往前20年，他即使进入明帝国的决策高层，遇到刚愎自用的崇祯皇帝，估计也不能有什么大的建树，甚至有可能被猜疑心甚重的崇祯砍头。往后20年，遇到独揽权柄、巨细洞闻的雍正，自然也没有什么施展空间。所以，陈廷敬生在康熙时代，既是他的福分，也是康熙的福分。康熙为人仁厚，不滥杀功臣，体下宽柔，又身处帝国用人之际，几近完人的陈廷敬能脱颖而出，为帝国所用，为康熙拿来制衡权臣，这个大环境不可忽略。

陈廷敬能全身而退，还有一个因素，即帝师身份。1661年，康熙继位，陈廷敬授起居注日讲官，日值弘德殿讲经，由此开始了他的帝师生涯。《清史稿·陈廷敬传》记："（廷敬）与学士张英日直弘德殿，圣祖器之，与英及掌院学士喇沙里同赐貂皮五十、表里缎各二。十七年，命值南书房。"十七年即公元1678年，陈廷敬时方27岁。

《一代名相陈廷敬》对陈廷敬的文学造诣一点都未涉及，这是一个大败笔。陈廷敬的文学成就，不仅仅在于主持编撰《康熙字典》，更以写得一手好诗而誉满当时，并被康熙所赏识。康熙六年（公元1667年），陈廷敬与礼部尚书、诗歌大家龚鼎孳发起诗社，与社者有王士禛、汪琬、程可则等，皆清初诗坛的一时之选，由此也可侧证陈廷敬诗格旨趣之高。

《清史稿·陈廷敬传》记：廷敬初以《赐石榴子》诗受知圣祖，后进所著诗集，上称其清雅醇厚，赐诗题卷端。刘然《国朝诗乘》选陈廷敬诗29首，评曰："台阁之诗，工为应酬，虽藻粉铺张而其中无有，亦坐其人胸中无识。……先生诸篇于沉博绝丽之余，寓感讽规切之意，长句片语，莫不称是。天人之相与，主臣之交孚，淋漓恺切，唯所欲言。要其忠孝蟠郁，蓄极而流，不可遏抑如此。诗乃为有为而作也！"

康熙懂诗，因此也能从专家角度给予陈廷敬诗作客观评价，曾专写一诗评价陈廷敬的诗：《览〈皇清文颖〉内大学士陈廷敬作各体诗，清雅醇厚，非集字累句之初学所能窥也。故作五言近体一律，以表风度》，诗题本身就对陈诗赞誉有加，诗更云："清新授紫毫"，"李杜本诗豪"，康熙在诗中将陈廷敬比拟为唐代贤相房玄龄、姚崇，比之为享誉千古的诗人李白、杜甫，极尽推崇。陈廷敬去世后，康熙又作《大学士陈廷敬挽诗》，仍不忘怀念陈"世传诗赋重"。可见陈廷敬诗赋的成就确实为康熙所赞赏。

上引陈廷敬《赐石榴子》诗，收录在陈廷敬的《午亭文编》卷十，题为《赐石榴子恭纪》，题下自注"时侍宴外藩郡王"。此诗前有《立春日漫兴》《晚秋怀张西园先生》二诗，前者首句云"吾今三十五"，可知当写于康熙十一年壬子（公元1672年）；此诗之后又有《七月二十一日赐宴瀛台迎薰亭》《癸丑除夜》二诗，可知皆写于康熙十二年（公元1673年）。农历七月为孟秋，在所谓"晚秋"之前，可推知《赐石榴子恭纪》诗当写于公元1672年中，而非公元1673年。全诗云：

仙禁云深簇仗低，午朝帘下报班齐。侍臣早列名王右，使者曾过大夏西。

安石榴栽红豆蔻，火珠光迸赤玻璃。风霜历后含苞实，只有丹心老不迷。

前四句不过京官恭贺帝国太平景象的应制之作，历来多有，其所见所感也未跳出窠臼。要在后二句，在咏物写实基础上有很深的精神寄慨，忠臣丹心的心迹流露无遗。康熙从帝王角度所赏识者，当也是这种忠诚态度。

据说陈廷敬在收到康熙的表扬御制诗后，恭恭敬敬写了一首

《臣诗迭蒙圣恩赏，每聆天语，感激之下，涕泪零落，累日愧悚，恭纪以诗》诗表达谢恩："衰钝何堪感至尊，频蒙激赏是殊恩。抛残绮语文焉用，老罢丹心事可论。一饭不忘如杜甫，平生无憾胜虞翻。传闻多恐遗青史，留取新诗示于孙。"诗中又提到了臣子的一片赤诚之"丹心"。

陈廷敬于理学也有所成。他7岁那年，就开始研读明朝著名理学思想家、河东学派创始人薛瑄的著作，打下了很好的理学基础。尔后进入官场，又深以理学精神为导，持身为官，低调务实。在为康熙讲经期间，也多以理学要义教育帝王。据康熙二十一年（公元1682年）八月《康熙起居注》记载：康熙帝问（陈廷敬）："道学之士，必务躬行心得。"陈答："自汉唐儒者颛用于经学，以为立身之用之本，而道学即在其中……"康熙帝深以为然。这段关于理学"躬行实践"的对话，陈所讲"知源于行"——既是理学精髓，更与康熙帝"学问无穷，不在徒言"的"务实"信仰一致。君臣相得，由此可见一斑。

帝师身份看起来荣宠至极，实则也危险万分。陈廷敬能在帝师身份中安然转化为听话老实办差的臣子，全出于对权势欲望的自我消弭以及破除私字一闪念的自控能力。比起同为万历帝师的张居正来，陈廷敬虽然没有只手遮天的权势登顶，却有了"几近完人"的声誉登顶，这当然是吕不韦、张居正、翁同龢等帝师无法得到的。即便是在房玄龄、耶律楚材这些帝师面前，陈廷敬的事功也不遑多让。陈廷敬"几近完人"的修炼历史，可谓贯穿其从政为学的终生。用今天评价领导干部的德、能、勤、绩、廉五项指标来看，陈廷敬确乎可以得到五项全能优+。同时期康熙倚重的张廷玉、李光地等汉族名臣，比起他来，或多或少都有一些毛病让康熙感到遗憾。

一身多能，而又能而不骄，能而不私，盖因于其良好的理学教养。"清官多酷，陈是清官，却宅心仁厚；好官多庸，陈是好官，却精明强干；能官多专，陈是能官，却从善如流；德官多懦，陈是德官，却不乏铁腕……"王跃文对陈廷敬的评价，或许可以从当代人的视角，为我们找到陈廷敬"几近完人"的答案。

郭琇：一次"诫勉谈话"改变的人生

读史而鲜有不知郭琇其人者。

郭琇是清初政坛上响当当的人物。他清正廉洁，不畏权势，参河道总督靳辅、参权臣明珠和其党徒余国柱、参康熙红人高士奇，以此名动天下，被誉为"铁面御史"。

但鲜有人知道，郭琇初入官场时，却是一个贿通上权、逼榨乡里的贪官。

郭琇33岁中进士，41岁放吴江县令。盖江南膏腴，财税重地，吴江县在时任江苏巡抚余国柱眼里，就是一个发财敛货的宝地。于是他公然向吴江县在内的属地官员们索贿，收来的好处，一部分又敬供给他的政治靠山明珠，以保仕途顺畅。

作为吴江县令的郭琇，对余国柱的索贿要求是无法抗拒的，迫于压力，他只有将余国柱的贪欲转移到地方百姓身上，尽管郭琇本人并未从中截留好处，但老百姓仍然免不了给他一个"贪官"的坏评。

　　如果不是理学名臣汤斌的出现，郭琇终其一生，可能就是个贪官，甚至可能因贪腐而落得身败名裂，当然，也就没有后来的"铁面御史"郭琇这号历史留名的人物了。

　　汤斌是个清官，接任江苏巡抚之后，对前任余国柱在江苏的贪腐之名以及造成的危害早有会心。他经过调查了解，认为郭琇在一帮贪官中，为人和履职能力都还不错，至于百姓口碑不好，责任似也不全在他。只要郭琇能正确对待，改过自新，尚是可用的能人好官。

　　于是，便有了一场汤斌和郭琇的谈话。

　　以一省之总督，召县令谈话，而且相当于"留用察看"的"诫勉谈话"，郭琇不能不感受到这次谈话的严重性和随之而来的压力。历史没有为这场"诫勉谈话"留下更多细节，但效果却是很明显的，主要原因并不仅在于汤斌的谈话技巧，而在于汤斌自身作为"理学名臣"的人格魅力和坚持"豆腐汤"的清廉本色对郭琇产生了非常正面的鉴照，同时，汤斌应该也给予了郭琇"如何面对上级敲诈而坦然拒贿"的方法论，加之郭琇对吴江受困于"逼贿"而打不开工作局面早有感慨，所以，这次"诫勉谈话"实则是汤斌帮助郭琇痛下决心。

　　从情感、名节而至现实需要，郭琇痛感自己必须和过去做个了断。在省城接受了汤斌的"诫勉谈话"之后，回到县衙，即喊来下属及一班衙役，吩咐将公堂擦洗一新，表明自己"改过自新"的心志，并宣布"以前的郭琇不在了"，"各位也要好自为之"。京剧《郭琇洗堂》对此场景，有很细腻的表达，并申"以史为鉴，反腐倡廉"之大义。

郭琇此举当然不是作秀，从他后来的为官表现和民间评价来看，他确乎做到了改过自新，为政清廉。不仅对自己高标准，对下属也严要求。他三令五申，严管属下，杜绝索贿受贿，政绩显著。后来经汤斌推荐，郭琇被提拔为江南道监察御史。《清史稿·郭琇传》评价他的吴江政绩，不可谓不高：材力强干，善断疑狱。征赋行版串法，胥吏不能为奸。居官七年，治行为江南最。

然而，发现、训诫并帮助郭琇完成人生蜕变的千里马汤斌却并未得到好下场：以陶元淳《上总宪郭公书》所云，汤斌当是被明珠党谗害致死——故睢州汤公秉正嫉恶，深触小人之忌，卒以谗死。

《清史稿·汤斌传》记汤斌死后康熙的态度颇有意思——"斌既卒，上尝语廷臣曰：'朕遇汤斌不薄，而怨讪不休，何也？'明珠、国柱辈嫉斌甚，微上厚斌，斌祸且不测。"对汤斌作为直臣的死因说得再明白不过。只是康熙身在局中而不自知，颇让人不解和失望。

作为汤斌一手提拔起来的言官，郭琇虽然在历史上暴得大名，但在当时的日子也不好过，因为明珠党羽总在寻找机会反扑。很快，郭琇便遭到诬陷而罢官回乡。康熙五十四年（公元1715年）三月初七，郭琇病逝于老家山东即墨。《清史稿·郭琇传》在文末，对其人其行，有一句感叹："直道难行，不其然哉!"

　　然则耿直有错吗?从汤斌而至郭琇,直臣的本色如此,他们没有错。从后来雍正将汤斌入贤良祠即可看出,庙堂和时代,都是需要这样的直臣的。如果一定要说错,错的或许是那个不善保护和褒扬清官直臣的制度吧!

尹壮图和他的盛世危言

清乾隆五十五年（公元 1790 年）十一月，刚刚隆重庆祝完八十寿辰的乾隆皇帝，意外地收到了内阁学士尹壮图的一道奏折，直指和珅首倡的"议罪银制度"的弊端，认为这个制度和地方财政亏空不无关系，容易滋生地方腐败习气。在接下来的奏折里，尹壮图结合自己的回乡所见，断言整个帝国已经从上到下烂透了。这个断言无疑狠狠地打脸了乾隆自诩的盛世，这让一向自负而好面子的老皇帝断难接受，他不仅向地方督抚们公开了尹壮图的折子，还公开和尹壮图进行了一场究竟是盛世还是乱世的赌博。

大臣的折子

尹壮图生于公元 1738 年，云南蒙自人，公元 1766 年考中进士，公元 1774 年入阁任内阁学士。在乾隆的内阁班子中，他可能是干得最中规中矩的一个，公文说得过去，但似乎也并不是很出色，既没有让乾隆觉得他特别能干，又没有让乾隆认为他是废物。或许也因于他不善于表现，乾隆也始终没有太注意到他，在内阁的十多年时间里，他没有红起来，但也没有黑下去。上折子的时候，他已经 52 岁，兼礼部侍郎，如果没有皇帝的特别恩遇，他的官运应该到此为止了。

公元 1788 年，尹壮图的父亲尹松林去世，尹壮图守制回云南丁忧。久居京朝，一日回乡，往返数千里之间，尹壮图看到了很多他以前没有看到的真实面貌，这个见闻，和帝国上下宣扬的盛世境况似乎有很大的出入，尤其是"议罪银制度"，已经成了帝国腐败的一大原因。出于责任感和正义感，尹壮图回京后，当即给皇帝上了一道折子，建议皇帝"将罚银之例，永远停止"。

这个"议罪银制度"，是善于揣摩乾隆心思的和珅想出来的一项以钱顶罪的制度，即根据官员犯罪情节的轻重，以多少不一的银子来免除一定的刑罚。明眼人都看得出来，这个制度的设立，是经老皇帝默许并赞成了的，目的在于填补老皇帝多次下江南造成的财政亏空，同时，满足乾隆近于奢靡的个人开支。乾隆认为，你尹壮图是个明白人，作为自己的秘书班子成员，算是身边人，理应理解主子的这点苦衷，不仅不要在私下里评议这个做法的优劣，更不应该主动跳出来说这个事。现在居然要喊停这个制度，直接关了自己这个小金库，乾隆内心里是很不爽的。

在晓瑜地方督抚的诏书里，乾隆为"议罪银制度"做出了如下辩解："朕权衡情罪，一秉至公。或重或轻，惟视其人之自取，并非封疆大吏，身获罪愆，概得以罚钱幸免。"这等于是对尹壮图折子中所谓"各督抚声名狼藉，吏治废弛"的直接回击。随后，乾隆皇帝更严厉地要求尹壮图拿出证据，"指实参奏"。

不知进退的尹壮图随后以自己丁忧回乡所闻见为例，说："商民半皆蹙额兴叹，各省风气，大抵皆然。"如果皇帝您不相信，可以"简派满洲大臣同往各省察望"。这道补充的折子彻底激怒了乾隆，因为这关乎对自己施政 55 年的评价，他不容许任何人否认自己营造起来的盛世景象，他决意狠狠地还击尹壮图，为自己争回十全老人的面子。

皇帝的面子

根据《清实录》的记载，我们得以看到乾隆对尹壮图第二道折子的痛批，在这篇长篇诏书里，乾隆举了很多自己治国用人的成功例子，以说明尹壮图不过是"徒以道路见闻，漫形奏牍"，因为折子里并没有指实一人一事，因此不过是"空言支饰"。随后，他还对尹壮图搞起了人身攻击：内而不能升用侍郎，外而不能简派学政，至尚书督抚之任，更难梦想。因此，这次上折子，不过是"欲藉此奏见长，或幸录用，又可假盘查为名，沿途吓诈……可以名利兼收"。

对于尹壮图第二道折子中所谓的"商民半皆蹙额兴叹"之

语，乾隆更举例说，自己御极 55 年，"普免天下钱粮四次，普免各省漕粮二次，为数何啻万万，偶遇水旱偏灾，不惜千百万帑金补助抚恤，赈贷兼施……小民等具有天良，方将感戴之不暇，何至蹙额兴叹，相聚怨咨"。因此，乾隆认为，这不过是一二小民因为受到了胥吏差役的扰累，才向尹壮图陈述。你尹壮图不能以点带面，以局部推断整体，从而彻底否定我的盛世宏图啊?!

为了维护帝国和自己的面子，乾隆决定派满族大臣、户部侍郎庆成跟着尹壮图到山西去巡查，线路是由北而南，宣化行走，再至大同。这道谕旨经五百里加急传给了巡查所到的地方大员，等于是提前告知地方官怎样作假做好准备。加之这个庆成本身又是和珅的世交，行前已得到了和珅的指示，对于如何做好这次巡查以及最终的巡查结果，庆成已经心中有数，他明白老皇帝的底线，更明白和珅的意图，因此，也就明白了自己的定位：自己不过是以钦差之名，陪尹壮图下去玩玩而已。

这场大臣和皇帝的赌博，从一开始就看到了结果，只有尹壮图还傻傻地以为，他重新上路看到的，会和他那次回乡看到的一样。

更为可笑的是，一向大方大气的乾隆皇帝，对于这次安排尹壮图陪同庆成到山西出公差，却显得异乎寻常的小气，除了给尹壮图提供驿马之便外，其余一应出差费用，均由尹壮图自己承担。

帝国的里子

对于这场和尹壮图的赌博，乾隆有着足够的自信。支撑这种自信的来源，自然是官方的数据。根据乾隆五十五年的统计，当年全国共二亿九千七百万总人口，全国通共存仓米谷为四千三百二十一万石，均达到清统治以来的顶峰。按照这个人口数和粮食数，这当然是一个盛世无疑。

但乾隆的眼界显然被用权多年的和珅遮蔽了，好大喜功加之奢靡生活，已让帝国财政不堪重负；"议罪银制度"让官员贪腐成风，民众生活日益艰难，各地反抗帝国统治的小动乱此起彼伏；多年闭关锁国，使帝国经济一片僵化，造血能力严重不足。

因此，乾隆五十五年，在乾隆自己看来，是盛世顶峰；在尹壮图看来，已经是乱世的开始；用今天的历史眼光看来，这实际是清帝国由盛而衰的转折点。

但身在盛世幻境里的乾隆，哪里容得下秘书的挑刺呢。如果他能从尹壮图先后两次折子里敏锐地洞察出由盛而衰的先兆，再派非和珅嫡系的干臣暗访明察，那么，他不难发现，这个面子上的盛世帝国，里子实际已经千疮百孔。

人老昏聩，生性自负、多疑，加之拒绝善意的谏言，和不恰当的安排，让乾隆失去了这次看见帝国真实里子的可能。

不必再去推究这次山西巡查的细节，结果自然是"库项逐一查照弹兑，丝毫并无短少"。为了让尹壮图输得心服口服，老皇帝还允许他跟着庆成，继续去山东及直隶正定、保定及江浙等处盘验，结果同样是："百姓俱极安帖，随处体察，毫无兴叹情事等语。"所以，尹壮图污蔑地方督抚"声名狼藉，吏治废弛"，以及"商民半皆蹙额兴叹"，都是"陈奏不实之词"。这场赌博，自然以乾隆完胜告终。

对尹壮图的处理，乾隆颇用了一些手腕。先是由庆成押带尹壮图回京，交九卿会审。九卿按照"挟诈欺公，妄生异议"律条，定拟斩决。大学士纪晓岚和尹壮图父亲尹松林是同科进士，为救尹壮图，不惜冒险求情。乾隆非但不给纪晓岚面子，还大骂说："朕以你文学优长，故使领四库书，实不过以倡优蓄，尔何妄谈国事！"语言之严厉狠毒，可见一斑。

在乾隆心中，他和尹壮图的盛世赌博，不是皇帝和大臣之间的小矛盾和小龃龉，而是关乎国家形象的大事。他加恩免治尹壮图的罪，以内阁侍读用，仍带革职留任。这场从乾隆五十五年冬起始的赌博，到乾隆五十六年春正式结束。乾隆为打赢这场事关自己面子的赌博，一共下了十四道手谕。这些手谕，都在《清实录》里记录得清楚晓畅。借由这个实录，我们得以看到了这场盛世赌博的全过程。

在这场赌博中，尹壮图始终处于弱势的一方。这个弱势，除了身份之外，还有性格和心理。应该说，前后两道折子中的尹壮图，是有责任感和正义感的，也并不畏惧皇权，不怕伤了皇帝的面子，有直臣敢言的勇气；进入赌博中的尹壮图，明知地方应对检查做了手脚，却毫无办法，只好认错服罪，不免虎头蛇尾，性格软弱；另外，尹壮图折子中所言"各督抚声名狼藉，吏治废弛"，造成打击面巨大，牵涉许多官员的利益和前途，因此，一旦进入赌博环节，整个官僚体系都更愿意与和珅合作，尹壮图以一人之身，对抗整个官僚体系，可见缺乏相当的斗争智慧，大输的结局是必然的。

《清史稿·尹壮图传》论尹壮图，有四个字的结论：怙宠乱政。这自然是站在皇帝的立场给出的评论。好在乾隆的儿子嘉庆帝明白，称尹壮图为"敢言之臣"，授其给事中官衔，并亲颁"奏事折匣"，准以"在籍奏事"，其奏折可直达禁中。在他乞归回家养母的第三年，即公元 1796 年，白莲教起义爆发，乾隆自诩的盛世幻境终于被沉甸甸而真实的帝国危机无情洞穿。

郫筒酒往事

袁枚好吃，壮年居随园，穷极庖厨之所能，以其縻细精巧，写了《随园食单》，给后人留下了一个宝贵的"下厨宝典"。

在《随园食单》最后的《茶酒单中》，四川郫筒酒傲然在列，与浙江绍兴酒、常州兰陵酒、山西汾酒等名酒并称"十大名酒"，足见郫筒酒当时之风头，已然盖过剑南春，成为蜀中物产之代表。

袁枚记郫筒酒，寥寥不足百字，但喜爱之状呼之欲出：

郫筒酒，清冽彻底，饮之如梨汁蔗浆，不知其为酒也。但从四川万里而来，鲜有不变味者。余七饮郫筒，惟杨笠湖刺史木簰上所带为佳。

袁枚喝过七次郫筒酒，这是他的自述，想来不会有假。杨笠湖是谁？便是袁枚至交杨潮观，笠湖是他的号。笠湖当过简州

（治今简阳）、邛州（治今邛崃）、泸州三州知府，和袁枚多有过从。袁枚喝的郫筒酒，当是笠湖在邛州当官时，顺手以伴手礼带给他的。

说起二人的交往，其中还有一段袁枚骂笠湖的公案。袁枚在《子不语》中写了一则笔记，叫《李香君荐卷》，说笠湖当乾隆壬申乡试考官，将发榜的前夜，梦到有一美女来托：拜托使君，"桂花香"一卷，千万留心相助。笠湖不以为意，后来翻阅试卷，果然见一落卷，有"杏花时节桂花香"句，便拿起细看，"表颇华瞻，五策尤详明，真饱学者，以时艺不甚佳，故置之孙山外"，恰好主考官来让大家再查查有无遗落的好卷推荐，笠湖就将此卷推举了上去。主考官一看也大喜，取中八十三名。拆卷填榜，乃商丘老贡生侯元标，其祖正是侯朝宗。于是笠湖恍然大悟：梦中来托的女子当是李香君，以此夸于人前，以为奇事。

《子不语》刊行后，人多相传，杨潮观读后，大为光火：所称李香君者，乃当时侯朝宗之婊子也。就见活香君，有何荣？有何幸？有何可夸？弟生平非不好色，独不好婊子之色。"名妓"二字，犹所厌闻。并骂《子不语》"佻达下流""显悖圣教"，一点都不给老朋友面子，大约他也想不通：我给你带的那些郫筒酒，真是拿给狗喝了。

袁枚也不是等闲之辈，于是两个好朋友开撕，各种狠话绝话都甩出来，最狠的、也是流传最广的，当是"伪名儒，不如真名妓！"这句。笠湖比袁枚年长，不知道看了这句，是不是很难受。

　　后来笠湖过世，袁枚受笠湖后人之托，也是出于至交，写了一篇《邛州知州杨君笠湖传》：君与余为总角交，性情绝不相似。余狂，君狷；余疏俊，君笃诚；余厌闻二氏之说，而君酷嗜禅学，晚年戒律益严，故持论每多抵牾。承认两个人这次撕逼是因为性情不相似和持论不同所致。

　　此段公案之中，郫筒酒或是他们交往中的一个物件之纽。笠湖从四川送酒到南京随园，在过去是了不得的情谊，"万里间关"虽然夸张了点，但以车马之速而每见而携郫筒酒给袁枚，也足见郫筒酒的分量和笠湖之为人。

　　郫筒酒作为古代名酒，究竟起于何时，各方考证说法不一，一个较为可靠的说法是，山涛在做郫令时发明和创造了郫筒酒。清《郫县志·政迹》记载．山涛晋初为郫令，常割郫筒酿酴酒，郫筒之名由是而起。

　　明人曹学佺的《蜀中名胜记》也有记载："或云山涛治郫，以筼管（竹筒）酿酴醿酒。"

　　佐以此记的，还有一则民间故事：

　　有天晚上，山涛处理完公务，摇着扇子到县衙东边的花园散步，只见园中有两口水井，一口圆，一口方。山涛甚奇，随行师爷便回说：这两口井是古蜀国的臣民为怀念杜宇夫妻挖的，传说这两口井是相通的，称为鸳鸯井。在方井中打水，圆井的水要动；在圆井中打水方井的水也要动。山涛叫衙役拿水桶来一试，果真如此。后来，山涛喝过鸳鸯井中的水，觉其醇和甘甜，于是用以掺入酒壶中，成为自己的独家发明。

再一次，山涛到乡下体察民情，看见郫县乡下的人手里都爱提一节竹筒，不光老头老太太提，连妇女和儿童也提，他感到很奇怪，就问随行的师爷是何道理。师爷说："老头提的竹筒里面装的是水烟，累了就坐下抽一口；老太太提竹筒是上街打油；妇女提竹筒是给田里的男人送饭；而小娃娃提竹筒是为了朝里面撒尿，这就叫肥水不流外人田。是这一方的民俗啊。"

山涛突发奇想，郫县的竹子有那么大的用处，那么它可不可以用来装酒呢？回到县衙以后，山涛就叫人锯了几节竹筒来盛酒，觉得酒味果然清香可口。但锯下来的竹筒用来装酒，装上几天就会变味。于是山涛想出一个新的办法，叫人往未砍伐的竹子的竹节间打孔，然后把酒灌进去，竹孔用翠绿的芭蕉叶子塞好。哪天想喝，或者要到远地方出差，就叫人锯下几节来。当这样的酒液从新鲜的竹筒里倒出来的时候，酒液甘甜，一滴一滴仿佛有藕丝相连，喝起来格外绵软醇厚。

郫县的老百姓原来只知道竹筒可以装水烟、装酱油、装饭，甚至装小便，却不知道它还能酝酿出美酒来。经过县令这一实践，于是全县的人都开始用生长着的竹子酿酒，郫筒酒的名声也很快传遍大江南北。

如果郫筒酒真是山涛所创，自魏晋而至清中叶，郫筒酒堪堪有1500年的中国名酒史，即使是剑南春，也难以望其项背。

翻阅诗人文人所吟咏记录，又可见唐宋元三朝，当是郫筒酒的盛名期。杜甫客居成都出游返家，在《将赴成都草堂途中有先寄严郑公五首》中吟道："得归茅屋赴成都，直为文翁再剖符。但使闾阎还揖让，敢论松竹久荒芜？鱼知丙穴由来美，酒忆郫筒不用酤。"说他游历天府，已经视丙穴鱼（雅安之雅鱼）为佳肴，郫筒酒为美酒。只要忆及郫筒酒，其他酒就不想喝了，真是再好不过的酒广告。

陆游在崇州当过官，对郫筒酒也念念不忘。在《思蜀》中吟道："园庐已卜锦城东，乘驿归来更得穷。只道骅骝开道路，岂知鱼鸟困池笼。石犀祠下春波绿，金雁桥边夜烛红。未死旧游如可继，典衣犹拟醉郫筒。"衣服当了也要一醉郫筒，酒脱之外可见郫筒酒是如何的香醇迷人。

东坡在给他远在浙江的老友周邠的《次韵周邠寄雁荡山图二首》中也提到了郫筒酒："西湖三载与君同，马入尘埃鹤入笼。东海独来看日出，石桥先去踏长虹。遥知别后添华发，时向樽前说病翁。所恨蜀山君未到，他年携手醉郫筒。"

蜀山当是他准备终老的阳羡，此处离雁荡山不远。周邠没去过蜀山，是个遗憾，可东坡没有醉饮郫筒，或许才是遗憾吧。

元代诗文大家虞集在《代祀西岳至成都作》中吟道："我到成都才十日，驷马桥下春水生。渡江相送荷子意，还家不留非我情。鸬鹚轻筏下溪足，鹦鹉小窗呼客名。赖得郫筒酒易醉，夜深冲雨汉州城。"

直至当代，郫筒酒也还很有名。当年朱总司令来郫县时也曾询问过郫筒酒的生产情况，作家韩素音回郫县时也问及郫筒酒。

可惜，今天，这么一座以酒而盛名的城镇，早已经没有了郫筒酒的行迹，民国时期，郫县益丰和、元丰源等三家酱园还少量生产郫筒酒，但已经不是郫筒酒当初的工艺和气味。

倒是郫筒井遗迹得到了很好的保护，聊可弥补蜀人对这段名酒历史的一点怀念之情。

故宫博物院院长单霁翔说：中国城市面貌趋同，城市记忆消失，要努力从功能城市到文化城市，我们城市的文化遗产不是太多而是太少了。从这个意义上来讲，作为郫县行政中心所在的郫筒镇，不应只看到郫县豆瓣这个单一的物产，而应弘扬以酒盛名的酒文化遗产，将郫筒酒再度重光。

文末，以一首打油诗聊表我对郫筒酒这个文化遗产不遗留的叹惋：

以酒名城不见酒，今时几见古时有。郫筒已作豆瓣卖，遗产何能奈苍狗。

黄仲则：风露中宵，未老先衰

　　读上海古籍出版社版《两当轩集》，中附黄景仁画像：左手执卷帙，右手垂于长袍后。清癯羸弱，但目光温和。对于喜欢黄景仁的读者，这样一幅画像自然为理解其诗词提供了很好的参考。

　　但黄景仁画像颇让人不接受处，在于其面相过于偏老，丝毫不像一个35岁的人（以黄景仁卒时35岁计）。画像中的黄景仁，蓄须留胡，本已偏老；其眼角眉鬓密布之皱纹，更像一个老人。

　　《两当轩集》所用黄景仁画像，所据为叶衍兰、叶恭绰祖孙二人所辑《清代学者像传》。此书自民国出版以来，历来广受好评，其在研究清代学术史中的重要性不言而喻。该书第一集于公元1928年出版，成像一百七十，由商务印书馆以四册刊行。书中收录了康有为、王秉恩二人的序言和樊增祥、沈尹默二人的题记，冒广生、叶恭绰的跋。由于该书有像又有长篇传记，故一经出版，风行一时。

　　黄景仁画像，即在第一集内。绘者据称不是叶衍兰本人，而是其弟子黄小泉，其资料来源是"取诸家传神像暨行乐图绘或遗集附刊及流传摄影，皆确然有据"。而且像传摹绘的人物图像，吸取了传统影像写真技巧，对人物面貌描绘极为精细生动，几可与照相媲美。

　　按此说法，叶氏祖孙和黄小泉及后来的杨鹏秋，对这些学者的画像创作不可谓不重视，不可谓不认真。但其所据为三个源头：一是家传神像，即后人在其本人死后，请人画的遗像。二是行乐图绘，即自己所绘或别人所绘的小像。袁枚《随园诗话》卷七："古无小照，起于汉武梁祠画古贤烈女之像。而今则庸夫俗子，皆有一行乐图矣。"黄景仁擅书画，不知黄小泉为其造像时可有自己所绘行乐图参考。三是遗集附刊的图像。现《两当轩集》所据为清光绪二年（公元 1876 年）重刻二十八卷本，是否有附刊图像待考。至于流传之摄影技术，大约于鸦片战争前后传入中国，黄景仁去世于公元 1783 年，显然没有机会尝鲜体验这样的科技。即便他赶上了摄影技术传入中国，以他当时的经济条件，当无能力支付这笔相对高昂的"摄影费"。

　　然则黄景仁的画像为什么看起来那么老呢？分析原因有二：一是家人有意为之。黄景仁生年只有 35 岁，这不能不说是一大遗憾。其后人在委托画师为其造遗像时，可能有意让其显老，留给后人一个"蔼然长者"的而不是壮年遽逝的形象。此所谓画补遗憾，以免"触景伤情"。二是其行乐图正好记录了他 34 岁生病时的真实状况。即其个人或家人、亲友预感其大限将近时，匆匆为其绘制的行乐图。黄景仁虽强打精神，但病容难掩。三是后人根据其生平及故老描述而补造。

无论其所据来源为何处，客观上看来，黄景仁的画像确乎不像是一个 35 岁青壮年男人的样子，而更像一个 60 岁以后老人的模样。老过其实际年龄，这在今天的民间语境里，是一个不受欢迎的评论，大家更愿意接受"看上去比照片更年轻"的评价。但放在黄景仁所处的年代，再结合其个人悲酸艰窘的命运，他留给世人的形象，老过其年或许是让其后人及其喜欢他的读者都更愿意接受的一个心理安慰吧。

我们在画像里，为苦命的诗人增寿吧！画师下笔的时候，大约是这样想的。哀动于衷，情融于笔，想到这一层，我就理解黄景仁为什么看上去老过其年了。《清代学者像传》中，这样的例子，应该还有很多吧。

绍兴师爷许思湄：
飘蓬半甲子，潦倒一卷书

清乾隆五十三年（公元 1788 年），20 岁的许思湄离开家乡绍兴前往北方，开始了自己近一个甲子的幕府生涯。

在他走上幕府生涯之前，他的先辈在晚明就已入幕为僚，并渐渐赢得了显赫的声名。顾炎武《日知录》"吏胥"条里如是记录：今户部十三司胥算皆绍兴人。绍兴师爷在这个历史时期已经声誉隆起。徐渭被胡宗宪招入幕府，为掌书记，为靖海乱做了很多幕后工作。《明史》评徐渭："渭知兵，好奇计，宗宪擒徐海、诱王直，皆预其谋。"作为早期绍兴师爷的代表人物，徐渭的幕府生涯，给了很多后来的绍兴师爷极大的鼓舞和鞭策。

徐渭之后，经过顺治、康熙两朝的发展，绍兴师爷真正开始成为一个地域性、专业性极强的幕僚群体。在操持帝国权柄的封疆大吏和地方行政主官看来，"无绍不成衙"并不是官场跟风的时尚，而是行政助力的实际。"谁用谁知道"这样的口碑相传，使绍兴师爷名重价高，显贵一时。而沈文奎、邬思道分别为皇太极、雍正所看重，则开创了绍兴师爷幕僚事业的顶峰。

初出绍兴，许思湄心里一定以徐文长、沈文奎、邬思道这些祖师爷们为榜样，他一定认为凭借自身才干，不但可以进入封疆大吏的幕府，甚至可能为帝王看重。此时，绍兴师爷的名望正处于第一个高潮期，但许思湄可能忽略了一个因素，即和他一样操持此种生涯的本乡人也随之进入了一个高潮期。同为绍兴师爷的好友龚未斋在他的《雪鸿斋尺牍》里有如是记录："吾乡之业斯者，不啻万家。"竞争的激烈可想而知。

少年意气逐浪高，身怀绝技的许思湄此时似乎并不担心自己的前途。在走出绍兴之前，他应该完成了雄厚而扎实的师爷基本功，一般的文书写作早已不在话下。幕友冯璞山赞扬他"少负才名，群推伟器"，虽有过誉，但大抵是实情。前辈的游幕经历启发他在完成孔孟之学的基础上，兼修了刑名之学。以读书人而重刑名，虽属无奈，但到底是一种入幕的敲门砖。它可以使自己跳脱最基础的文书师爷，而参与决狱刑断，进入更高阶的师爷序列。当然，如果有足够老练的政治手腕和成熟的社交历练，更可以成为幕主的贴身智囊，出谋划策，参与机要。

如果对自己要求再高一点，许思湄或许还经过了更为专业和残酷的综合"幕学"训练。举凡政治、经济、文化、社会乃至更细化的刑名、河工、盐务、商业等均要有所涉及，并能有自己独到的认知和判断，以在关键时候参与决策，提供建议。小小年纪就要练成行政决断的多面手，这确乎有些难为师爷，但"竞争上岗"和"考核评估"的压力摆在那里，这样的"幕学"训练越投入，续幕和升幕才更有可能。所以，许思湄"舍孔孟"而"习申韩"，正是当时绍兴师爷面对幕主需要而随机应变的历史实际。

即便一身本领，许思湄的幕府生涯也并不是很顺利，相反，他可能是有清一代绍兴师爷中最为清贫潦倒的代表人物。他在公元1788年走出绍兴之时，绝不会料到自己的幕府生涯会是凄凉收局。际遇不佳？这个因素固然有，但谁又能否认跟他纯善的秉性没有关系呢。或许他是善于官场厚黑学的，但他始终做不到顺水推舟、顺势而为，或者说逢场作戏，所以也只能沉沦下僚。从他的游幕路径来看，大抵从公元1788年开始到公元1841年的53年间，他主要的游幕地在辽西和津门（今天津）等地的县治，历永平府、抚宁县、卢龙县、静海县、盐山县、大城县、大同县等十余县，始终无缘进入地方督抚大员的幕府。在写给朋友的信中，他常托朋友为自己谋幕府馆职，因为经济拮据，也经常向朋友借钱。移馆会川（今甘肃渭源县会川镇）时，又不幸收到小儿夭折的噩耗。他经常为此自嘲，说自己"年年压线，依旧帮佣，良由村女娥眉，难为时赏"。颇有抱负不得展的怅恨。

公元1796年，许思湄在幕主、清苑（今保定市清苑区）知县的支持下，多方借贷后在保定置办了一处房产，然后把生病的母亲和家人接到保定同住。谁知不久之后，这位知县升官外调，不再需要幕僚，他只得改投盐山县知县幕下。公元1798年，许思湄在朋友的劝说下，变卖保定房产，又四处借贷，希望以捐官而改变自己行踪难定的幕府生涯，弥补自己的仕途缺陷。"投供"之后，抽签分发在陕西。由河北而陕西，关山戎马，不便远行，许思湄只好放弃，最后只得一个虚而不实的官名，仕途无望而债台高筑，只好继续从幕，凭借刑名之学维持生计。

这次短暂如同火花一闪的命运转机将许思湄带入经济和心境都双双下降的困局。尽管新的幕主找来，但并不能改变他的命运。在今天有限的信史里，我们尽管可以看到许师爷"遇大疑，治大狱，明决如神，以故四十余年殊无虚席"的良好记录，但无改于他"依人随波"的境况。公元1831年，思归心切的许思湄厌倦了多年漂泊在外的游幕生涯回到故里绍兴，初出绍兴时的翩翩少年郎，已成为63岁、两鬓霜白的老者。此中况味，真难一言道尽。

然而，这一次南归只能是他游幕生涯中又一个插曲。迫于生计，许思湄不得不在江南一带重操旧艺，这一干又是十年，直到公元1841年，不得不因病和精力不济才放弃幕府生涯。此时，他已经73岁了。

在告别师爷生涯时，他给侄儿恬园的信中，对自己的一生做了深刻的总结。他认为幕宾"虽系辟佐藩镇，间亦通籍于朝。近则以值相招，以力自食，等诸孟尝门客矣"。他告诫侄儿说："道以人重，事在人为……若不检于行，不忠其事，骨肉尚难取信，衾影亦觉怀惭，无怪朝下榻而暮割席也。"他又说："予游食四十余年，兢兢以此自勖。"所以，"尤望汝终身行之"。

这封《示恬园侄》，可以看成是许思湄师爷一生的心法。总结起来，不外"才、勤、忠、信"几点，但说来容易，行之实难。从他颠沛而清贫一生的结果来看，他的师爷心法或许并不能算是成功的，甚至还可以被认为迂直，已经走上师爷之路的后辈，并不一定会以他的心法作为从幕的标准，他们自有他们应对世事变迁、官场沉浮的能力，甚至，在他们的从幕实践里，会对先辈的很多做法进行修正和刷新。

大约在公元1856年前后，许思湄死于老家绍兴安昌镇。一生游幕50余年，可能是历史观察中绍兴师爷年资最长纪录的保持者。他一生历乾隆、嘉庆、道光三朝，游幕一生，饱经风霜，但得享87岁高寿，这大约是人生给他做出的一个最好的补偿。

一个更丰厚的补偿是在他去世后，经由冯璞山编辑、在咸丰年间刊刻印行的《秋水轩尺牍》。这部著作一经问世，即在绍兴师爷中产生了广泛而深刻的影响，成为师爷文学的代表作品，生前籍籍无名的许思湄，因这部《秋水轩尺牍》而俨然成为绍兴师爷中的代表人物。这或许也是许思湄后来老死于故乡绍兴时所没有料到的。

从《秋水轩尺牍》中所收录的200多封书信，可以看出许思湄游幕生涯的点点滴滴，其中有辛酸，有怅恨，更有飘蓬世间、抱负难展的苦痛，但我们更能从中读出许思湄人性的灵动，公忠用事、勉力而成人之美的优秀品德，以及清廉如"一囊秋水"的师爷品格。品读其"馆不过副席，俸不过百金，内而顾家，外而应世，探我行囊，惟有清风明月耳"这样的性灵文字，更深深折服其举重若轻的幽默和负重前行的坚忍。

同为幕僚的沈复，其入幕的境遇也如许思湄一样并不圆满顺遂，他留下的那部感动世人的《浮生六记》中，让我们看到更多的是从幕之余的美好和纯粹。

绍兴师爷，知有许思湄，未必知有沈文奎，多因《秋水轩尺牍》的风行于世，更因许思湄从幕的良好操守。今天，在许思湄的故乡，有着绍兴师爷发源地和师爷精英荟萃地之称的绍兴安昌镇入口，矗立着许思湄的铜像。在镇上的师爷博物馆里，许思湄更是一个最具典型和代表性的存在，而关于他一门出了十多个师爷的家族传奇，至今还在绍兴被人们传说。

"龙阳才子"易顺鼎的蜀中壮游

清光绪十一年（公元 1885 年）正月，有"龙阳才子"之称的诗人易顺鼎由水路经巴东、巫山、云阳入蜀，开始了将近一年的蜀中壮游，并在这里度过了自己的 28 岁生日。

一年前，易顺鼎第四次会试落第，心境是抑郁的。好在家里新近添了一桩喜事：父亲易佩绅由贵州按察使调任四川布政使，掌管一省的财政，职位从正三品提升为从二

易顺鼎像

品。就近伺亲，人子之孝。加之下一次会试尚有一年，易顺鼎便着意由吴越溯江而往四川，凭吊司马相如、扬雄、李白、杜甫、陆游、范成大等前贤已题咏过的蜀中胜迹，同时也拜访在四川的师友。

这一次蜀中壮游，诗人大约是做了很周密的规划，所以一路走来，不仅尽得蜀中自然风景之精华，也一偿自己多年前对一些人文胜迹纸上神游的心愿。其中，也还有一些仿前贤而随处题咏、一较高下的心思。以诗人正当青壮的汩汩诗才，他料定自己这一次壮游题咏必定在"朋友圈"中引发和鸣震动。清晚民近，白话文兴，易顺鼎不知道的是，在他身后，再也没有如此深入和大体量的古典诗词题咏了，因此，称诗人这一次蜀中壮游为古典诗词题咏最后的风雅，当不为过。

易顺鼎的蜀中壮游，由云阳入万县，所以始于万县，这和历史上大多数诗人入蜀所走的水路是一致的。但入蜀后，诗人的线路显然有"个性定制"上的微妙变化：按陈松青先生的研究，易顺鼎入蜀后过高梁山、黄泥碥、九盘山，然后渡嘉陵江，抵顺庆（今南充）。所以，诗人的蜀中壮游首站选定的是南充。其后渡涪江，取道射洪，访子昂故里读书台；随后，到成都，短暂访友后由水路到嘉定（今乐山），游乐峨；然后再返回成都稍作休息后访青城山和扬雄故里。

这次蜀中壮游的题咏，诗人随后按主要履迹编成了诗集，有《蜀船诗录》《巴山诗录》《锦里诗录》（作者注：已核/尔书，确为"锦里诗录"，后光绪木刻本《锦城诗录》为单行本）、《峨眉诗录》《青城诗录》，共5卷5册，于光绪丁亥年（公元1887年）木刻印行，由文廷式题签。其中，《锦里诗录》《峨眉诗录》《青城诗录》当是这次蜀中壮游题咏的精华所在。

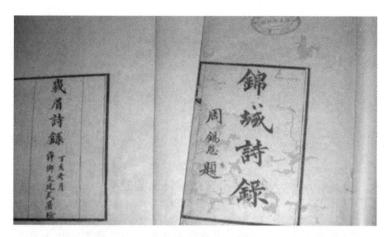

易顺鼎光绪木刻本《峨眉诗录》及《锦里诗录》书影

从题咏数量来看，易顺鼎的蜀中壮游诗实在可以称得上不让前贤；而从质量上来讲，易顺鼎之诗作，虽没有留下脍炙人口的名句，但其中仍然不乏佳构，如《自青城归，过笮桥登玉垒关，观岷山、大江作歌》，雄奇瑰丽，气象万千，写景汪洋恣肆，抒情淋漓尽致，有力追李白《梦游天姥吟留别》的气概。遗憾的是，易顺鼎的山水游历诗连同他的其他诗作，自"五四"以后均被埋没，除少数研究者外，没有受到文学史家和诗歌理论者的重视，我们也只能叹息诗人生错了时代。

除了游览蜀中名胜古迹、前贤故里外，易顺鼎也得空拜访在四川的师友，如王闿运、于式枚、江瀚、宋育仁等，宋育仁是王闿运的弟子，"新学"巨子，早年他们在京城就已经结识，甚为投契，此番蜀中再遇，自是亲切万分，因此，宋育仁也腾出精力和时间，陪他游览乐峨风光。

君子之处，动静皆偕宜。壮游结束之后，易顺鼎在师友们的支持下，在成都主持发起了诗钟社，"往往酒阑烛尽，夜半不休"，预席者皆一时名家，如顾印愚、范玉斌等，连王闿运这样的大儒也偶来助兴，足见诗人组社的号召力。

一、首站南充：感怀三国故事

从巴渝入川后，易顺鼎没有直上成都，而是渡嘉陵江而游历南充，是为这里浓郁的三国遗迹和三国故事感召。

按陈松青《易顺鼎系年诗传》所记，易顺鼎在南充"游金泉山，访谢自然升天遗迹，还，饮甘露寺，感怀纪信、谯周、陈寿故事……"

"衣上犹余京洛尘，杯中且尽嘉陵酒。"在南充，诗人受到赵宝珊、李铁船等友人的接待，自然诗兴高涨，在南充写诗近十首。有一首《顺庆府》用陆放翁"半天高柳"果州诗意，表达自己踵迹前贤的敬仰之情："依旧放翁题句处，半天高柳小青楼。"

金泉山在今南充顺庆区西郊，现为西山风景区的一部分，亦称果山。传李淳风埋钗此地，袁天罡指地化泉，乃得金泉山之名。这里也是陈寿以"西河为砚，河堤为卷"呕心沥血著作《三国志》的地方，留下了很多动人的三国故事。易顺鼎在这里感怀"滚滚长江东逝水，浪花淘尽英雄"，也访问了民女谢自然白日升

天传说留下的遗迹：谢
自然塑像及诏书碑刻。

位于南充西山景区的谢自然塑像

在易顺鼎的《南充
咏古三首》中，诗人感
叹纪信："斯人竟无徵，
佚史应有间。忠名自难
没，万古传愚贱。"大
约是诗人没有找到纪信
实有其人的任何遗迹，
乃有此叹，由此也可证
明诗人并未顺道访问纪
信的故乡西充。在《谯
周》一诗里，诗人感
叹："堂堂东汉代，节义争相高。变局始三国，推波成六朝。"在
《陈寿》一首里，诗人感叹"应变非所长，知侯莫如寿。从来王
佐才，讵以阴谋售……世多无识人，良史翻蒙诟"。皆为咏古论
人的佳作。可惜南充的方志并未对这位诗人的咏古诗给予足够的
重视。

对谢自然白日升天的传说，诗人是什么态度呢？在《南充赵
宝珊孝廉招同邻水李铁船比部，游金泉山，访谢自然升天遗迹，
还饮甘露寺作》一诗中，诗人在感叹"果州山水真奇绝，曾产仙
灵复贤哲"之后，转向对朋友赵李二人的友情抒写。最后收笔时

托出衷怀：男儿只合填沟壑，愧汝升天谢自然。

二、第二站：访陈子昂读书台

离开南充后，诗人渡涪江，取道射洪，访陈子昂读书台，追念名将郭元振任通泉尉的历史往事。

对陈子昂，诗人除了敬仰，还远追知音，大抵是因为都有少年任侠的气性。在《古琴歌怀唐适遗陈伯玉》一诗中，诗人从陈子昂少年时摔琴的故事写起，以陈子昂的《感遇》诗收束，除了追认这个千古知己之外，也对自己何日能"摔琴成名"深有寄托："君不见陈拾遗，碎琴都市人方知。布衣岂料开风雅，寂寞

陈子昂读书台

孤吟感遇诗。"

唐代名将郭元振本是河北邯郸人，仕途却起步于射洪。咸亨四年（公元673年），年仅18岁的郭元振考中进士，被任命为通泉县（今射洪）县尉。郭元振在通泉县尉任上大约待了近20年，久沉官僚体系的最底层，大有抱负却又志不得展，于是破罐破摔，铸造私钱、掠卖人口，做了不少坏事，老百姓自然对他也没什么好评价。此事传到武则天耳中，郭元振被召入京城，准备将他治罪。谁知一番交谈，武则天发现郭元振才华横溢，便索要他的文章。郭元振呈上《宝剑篇》，武则天大加赞赏。一个操守和政绩都不怎么好的低级官员从此走上了一帆风顺的仕途，最后终至一代名将、帝国宰相。

易顺鼎《古剑歌怀唐代公郭元振》中的"古剑歌"，当即指郭元振的《宝剑篇》而言。"宁甘弃置风尘中，自有光芒牛斗下"，这不仅是郭元振写作《宝剑篇》时的真实心理，也是青年诗人不俗心期的自然流露。"君不见郭代公，高歌宝剑生悲风。当时寥落通泉尉，岂计存唐盖代功。"

易顺鼎写陈子昂和郭元振两诗，可作凭古怀人的姊妹篇看。古琴与古剑，分别代表着身怀济世安邦之才的陈子昂和郭元振，他们都有一个共同点，即起始都很寥落，而后终至名声卓著。巧的是，郭元振任通泉县尉的历史时间点，恰与陈子昂在射洪少年任侠的历史时间点有数年重合。不知道他们在那数年里是否彼此知名，而多年后，他们在先后走上帝国政坛时，是否都能想到这个共同的寂寞寥落、人生初始之地？

从这个角度来分析易顺鼎的心期，他借陈郭二位历史名人而抒自我胸怀的深意便不难看出了。

三、第三站：畅游锦里

成都是易顺鼎蜀中壮游的中心，在这里他两度休整，两度出游，同时，也拜访在成都的师友，组织诗钟社，张弛动静之间，对锦里风韵感受甚深。

按照其《琴志楼诗集》卷六所收《锦里诗录》，易顺鼎在成都写诗约十八首，起讫时间为公元1885年二月至三月。正是乍暖还寒的时候，锦里春色初放，绣陌华屋，游人春服，府吏休沐，诗人望之，宛然京雒。在《二月望日成都郭外游览作》一诗中，诗人对成都的"初体验"和"第一印象"是非常好的，他盛赞成都的舆地历史、文教传统和市井风习。尽管是第一次到成都，诗人还是借由历史文献记录，看到了成都的可喜变化。"昔

易顺鼎《琴志楼诗集》书影

见同轨艰，今成置邮速""皇风始遐扇，英贤方乐育""文学起王
褒，博士徵张叔"。论述全面，铺陈细腻，仿如一张徐徐展开的
历史画卷，完全可以用来观察清晚期成都的市井风情。

　　然而，诗人对成都"土风信豪奢"也有深深的隐忧，所以，
在全诗即将收尾时，提出了自己的劝谕和警戒："既富教宜图，
全盛衰所伏。好逸贵知劳，救奢当反朴。"经济发达、物产富饶
的成都，应该抓好教育，要知道全盛的时候，或许正隐藏着衰败
的可能。耽于安逸享受的时候，也要知道劳动创造的可贵，而拯
救奢侈的风习，恰恰需要人们返璞归真，坚守朴素生活的底色。
这些劝谕和警戒，深中成都市井崇尚安乐享受的传统风习，可谓
一针见血。在诗人所处的时代，而有如此超前的眼光和意识以及
进步思想，是非常难得的。遗憾的是，研究历代诗人咏成都作品
的学者，并未对易顺鼎此诗中隐含的进步思想和用世哲理过多关
注和重视。

　　在成都期间，易顺鼎还在父亲的带领下，拜访了主持尊经书
院的大儒王闿运、书画家顾复初，并有诗词酬答。在《清明日侍
家大人赴王学长讲舍宴集，同宋都讲、吴优贡、舍弟豫》中，他
描述王闿运讲舍位于"高侯礼殿北，严君卜肆东"，由此可大体
推测当年王闿运成都讲舍的方位。他在诗中赞扬王闿运对蜀中文
教勃兴的贡献："安楚虽殷念，化蜀且图功。"按陈松青所考，易
顺鼎和兄弟易顺豫"遵从父母的意愿，没有拜王闿运为师"。但
易顺鼎兄弟却和王闿运在尊经书院的门生宋育仁、廖平、张祥龄

等相往还。王闿运对易顺鼎也是青眼高歌，早年即有"仙童"之目，对易顺鼎的诗词文赋殷勤点拨，在《湘绮楼日记》里，王闿运也多次记录和易顺鼎诗文往还的过程，对易顺鼎，全然没有老辈睥睨之势，更多是以平辈心态论学衡文。因此，两人无论从年龄还是地位影响上来说已是两辈人，但论及平生交游，彼此都是不能忽略的。

诗人、书画家顾复初时寓居成都，易顺鼎执晚辈礼前往拜会。在《答赠顾丈道穆》一诗里，易顺鼎赞誉老人"吴中高士诸侯客""江左清门侍讲家"，并对老人"五湖烟水，范蠡归舟"、大隐于市的生活歆羡不已。"老翁七十何所求，仰天大笑行归休。""千秋万岁只闲事，已觉身名皆赘疣。"诗人推人及己，"世间真有闭关人，才信嵇康懒成癖"，不知道自己有没有这样的安逸老境。

《锦里诗录》中有一组咏牡丹的诗颇值关注，这组诗几乎占了《锦里诗录》的一半篇幅，足见诗人对天彭牡丹的喜爱程度，由此大体可以推断盛春时节，诗人在成都或有一次彭州之行。在诗人不多的风物诗中，这组诗典雅富丽，浓艳高华，即使放在历朝咏牡丹名诗中当亦毫不逊色。举凡"春从此外看无色""一春无敌始称王""剪来十万云霞片，收尽三千世界香""地脉几时通洛土，天彭一朵压河阳""西蜀山川堕林粉，北朝家世郁金香"等句，真可反复玩味，更可以作为天彭牡丹与京洛牡丹分庭抗礼、一较高下之代言。

四、第四站：乐峨之游

四月，易顺鼎离开成都，从水路南下，开始计划中的乐峨之游。

先是泛舟青衣江，游凌云、乌尤二寺，然后登峨眉山，冒雨游伏虎寺、万年寺，从金顶望大雪山，观峨眉云海，再游龙门洞。在嘉州，送别于式枚、江瀚和弟弟顺豫，然后再访东坡求学与初恋的地方——青神中岩寺，最后宿眉州。

这段旅程共得诗十四首，最后收录为《峨眉诗录》。不过让人意外的是，诗人在眉州而似乎未专题三苏祠，《峨眉诗录》最后一首《宿眉州忆弟》，则有"与君曾踏苏祠苔"之句，可见诗人曾有三苏祠之游。"四海飘零好弟兄，使人念此衷肠痛"一句，则有苏轼怀子由的深情，这大约也是诗人虚写忆弟而实习坡翁的巧妙构思，怀苏之极，隐藏诗中而不明示："手瀹寒泉酹坡颖，江山不见公归来。"

在《嘉定泛青衣江，游凌云、乌尤二寺作》中，易顺鼎觉得乌尤山颇像焦山。"三江荡我前，石壁如动摇。目送西川流，手攀南斗杓"，这样的壮丽景观，是可以开拓诗人心胸的，所以，他自然也能在这里得到慧悟："悠然一团蒲，坐与天地超。"这样的诗境，对于28岁的诗人来说，确乎可以称得上高迈寻常。

但是诗人既然游凌云、乌尤二寺，却为何对大佛未着片字？这是乐峨之游的一不可解处。大约是峨眉山的吸引力太强，所以诗人无心在凌云、乌尤二寺过久逗留。

接下来的峨眉诸诗，于万千气象中充满不尽的禅意，"眉间星月大，足底山河细"一句，真道得所有登峨眉绝顶者之心胸，特别是《云海歌》与《峨眉山中怀壬父王丈》，真可谓句句如偈："忽看非海亦非云，元气淋漓泣真宰"，"是云是佛吾不知，但觉虚空皆粉碎"，"黄鹄一高悬，始觉人间卑"。

然就整体气象而言，《峨眉诗录》中，唯以《题峨眉金顶寺阁用韩昌黎题衡岳寺门楼韵》一首最为高古博大，领冠全录。诗人用韩愈韵，正有和前贤一较高下的气量。兹不妨引全诗如下，以供读者评判：

平生壮游迈谢公，欲从域外窥寰中。东游泰山仰天笑，七十二代非豪雄。倥偬著屦仅皇帝，禹迹亦到流沙穷。周家六叶差不弱，瑶池八骏如追风。何人凿海收四洲，蓬莱转与昆仑通。竭来峨眉望西极，云气挟我身形空。雪山嵯峨落窗外，界天一白难消融。迳乘飞龙越夏旬，直叱神虎开秋宫。不周山连日入处，黑水染作桃花红。兹山登临信奇绝，灵气默感交余衷。海内八山三在夷，恨未祭秩侪桓躬。严遵主治陆通隐，自问身世将毋同。谁甘蹉跎万古志，草木共腐哀韩终。薜壁题诗且未暇，愿埋玉检观成功。方今人主在震旦，金天杀气消瞳曨。一人中立四天下，会看西岳还称东。

笔者之抄录全诗在此，实在是因为不愿金玉埋尘太久。近代以来诗坛之评价，对易顺鼎或不大涉及，或评价不公。此诗之气象，即见一斑。

五、第五站：青城山

在成都停留数月后，公元1885年9月，易顺鼎开始了蜀中壮游的最后一站：西游青城山。

西游的路线是从成都到灌县，经新场入中兴场，然后山行至常道观。夜宿常道观时，恰逢诗人28岁生日，想起范成大生辰日宿丈人峰，自己的生辰日也住在青城道观，造化安排，让自己得以追踵前贤。"我与石湖同一笑，青城峰山过生辰"（《范石湖以生辰宿丈人峰，余宿常道观，亦生辰也，因记以诗》）。其后，登玉垒关、观岷江。结束青城山之游回成都前，顺道去了扬雄故里，最后回到成都，诗人的蜀中壮游自此结束。

青城山常道观三清大殿

西游青城山，写诗 24 首，收入《青城诗录》。南充乐峨之游有兄弟朋友陪同，此番青城之游，诗人大约是孤身一人，但并不寂寞。"万牛不挽山林兴，一鹤飘然天地秋。"时令已是秋天，西行所见，正是成都一派迷人的秋景。诗人不禁感叹"蜀国山如图画好，秋空云似客装轻"（《发成都西门作》）。

面对蜀中大好河山，诗人诗兴大发，选用歌行体以尽其意。《自青城归过笮桥登玉垒关观岷山大江作歌》在气象上颇类《题峨眉金顶寺阁用韩昌黎题衡岳寺门楼韵》，但使事用意都颇见雷同。如"蓬莱烟开桑树绿，海水日出桃花红"一句，似从"不周山连日入处，黑水染作桃花红"一句化出。倒是诗人借浩浩岷江奔流的气势而生发的感叹真切："江流入海何忽忽，壮年一去如飘蓬。人生流落讵天意，竟欲散发冯夷宫……胡为抚膺坐浩叹，凭栏万里生悲风。"诗人的悲苦歌哭的气质已有流露，这种气质成为他中年以后诗作的常态。

但相较于其黄钟大吕一般的歌行体，《青城诗录》中的短篇律绝更显清新，尤其是观察成都西向乡土风情的诗句，亲切自然，正是晚清成都风情画卷的一种。"人家傍江居，以竹为四壁"（《灌县道中》），这样的白描，正是当时民间的实景；"小邑丰年后，清渠茂竹中"（《郫县》），真道得成都平原小康生活的实况，而"士风应未改，佳酿问郫筒"（《郫县》）则知清末郫筒酒尚留声名；"人间争看龙行雨，是我诸天晏坐时"（《雨中坐山阁，戏为绝句》），正是秋雨中游览青城的一种小情调；"十里白云如堕海，半天红叶欲烧楼"仅此一句，即见功力。

易顺鼎平生作诗近万首，仅从数量来看，无疑是晚清以来第一。其蜀中壮游诗虽只有百余首，但在其青壮年的行役诸作中，是颇见才力的。一百余年来，且不论易顺鼎这些蜀中壮游诗绝少被人提起，便连易顺鼎本人之名号，也鲜有人提及。原因何在？钱锺书先生在《容安馆札记》中引樊樊山《书广州诗后》中的记录道明了缘由："国变后，君（指易顺鼎）益任诞不羁……而世上之论石甫（易顺鼎号）者，亦忘其天之独绝，但摘其颓唐胆大之作，以供笑乐……"按易顺鼎晚年诗作，确乎颓唐胆大，加之行为失检，所以诗名"因是而减"。因人废言，大抵如是。

钱锺书先生对易顺鼎之诗评价亦不甚高，认为其"诗作貌似伟丽而肌理不细致，好言情而浮嚣无韵味，骛写景而涂泽不真切。总而言之曰：以辞藻之富巧，掩饰意境之平凡"。虽为一见，但到底苛刻。

倒是张之洞的评价颇为中肯：作者才思学力，无不沛然有余。紧要决议，唯在"割爱"二字。若肯割爱，二十年后海内言诗者，不复道著他人矣……

易顺鼎于公元1920年去世，其时，白话文运动已轰然开启。几乎没有任何过渡，易顺鼎这些晚清重要的诗人及其作品，便连同他们的时代被一齐抛弃。将近百年之际，重翻易顺鼎《琴志楼诗集》，其"纵横万里"的才气扑面而来。而翻读他蜀中壮游的近百首诗作，晚清时节的蜀中风景人物便如在目前，它们对弥补文献方志记录之不足的贡献，是不应埋没的。

这是古体诗题咏传统"最后的风雅"，也是"自古诗人例到蜀"传统"最后的风雅"。

泪满家山百战场

——乔大壮的山城岁月

公元 1937 年 11 月 20 日，随着上海的失守，国民党南京政府被迫迁都重庆。时任国民政府实业部主任秘书的词人乔大壮一家也随后迁居重庆，开始了他的山城岁月。

公元 1947 年 3 月，应好友、时任台湾大学国文系主任许寿裳的邀请，乔大壮离开重庆，赴台任教。这段将近十年的山城岁月遂告一段落。

在重庆生活的十年，是乔大壮综合艺术成果最为丰硕、艺术生命力最为旺盛，也是个人生活最为忧患、饱经挫折的十年。

生处兵戈乱离之时局，又痛失妻子和儿子，乔大壮的山城岁月并不好过。不过雅人深致，乔大壮总有他安度艰难岁月的心法，加之其时在山城的艺术同好并不少，所以诗酒相娱、友朋高歌的幸福时光也在所多有。

这当然不是苟且偷生，高雅的文艺生活也是一种有力的战斗。在乔大壮而言，他旺盛而高昂的战斗力所在，恰是他划破金石的刻刀和字字泣血悲悯同情的辞章。

治印养家

乔大壮公元 1892 年生于北京，祖籍四川华阳（今成都双流区彭镇）。幼年失怙，由祖父乔茂萱抚养督教。少年时发蒙于成都名宿顾印愚，同时系统学习了徐浩、虞世南、褚遂良、欧阳通诸家，以后又旁猎米芾、《爨龙颜》和北魏诸墓志，由此奠定良好的书法和篆刻基础。19 岁自京师译学馆（北京大学前身）毕业后，放弃公派留学法国的机会，任国民政府教育部图书审定处专员，与鲁迅、许寿裳、陈师曾、姚茫父等为同事。

公元 1936 年，45 岁的乔大壮经徐悲鸿的介绍，被聘请到原中央大学艺术系教授篆刻。任教不到一年，即迁居重庆。

对于乔大壮来说，重庆属于旧游之地。不过初到重庆是他 5 岁的时候，或许没有太深刻的记忆。据《江翰日记》记载，光绪三十二年（公元 1897 年）十月，乔大壮和弟乔曾佑随父亲乔彦康送祖父乔茂萱登舆北上，得间游览重庆名胜。初一游浮

中央大学迁渝纪念亭

图关（也称佛图关，今为佛图关公园），初五游川东第一名刹华严寺和蚕神庙。

早在北京和南京生活时期，乔大壮即在书法篆刻之外，对诗词产生了强烈的兴趣，并以词人身份参加集会，与当时的词坛同好衡诗论文。由吴梅组织的南京如社，即集合了缪竹庵、林铁尊、仇述庵、石云轩、乔大壮、汪旭初、蔡嵩云、唐圭璋等大家。

到重庆后，乔大壮一家因缘巧合，住在华严寺草房内，不知他是否还记得自己5岁时游览华严寺的情景。一家人全靠他一个人的薪水养家，生活是很困难的。不得已，乔大壮以傍身之技，为人治印以贴补家用。他在北京时，著名篆刻家寿石工为他代订的润格为每字十元，在南京时，他坚持这个润格不曾改变，到重庆后，虽然由于战时物价一日数涨，但他依然按照这个润格为人治印，绝不坐地叫价。

乔大壮为人治印也绝不马虎，他对印稿的设计一定要三思后才下墨定稿，有时候遇到比较难刻的印，竟然设计二三百稿才最后决定。因为严格要求自己，所以每每出品不凡，交付的印章新奇高雅，意境深邃，远迈俗流。乔大壮为人治印，成为战时重庆的一道文化风景，很多名人慕名而来，以能得到乔大壮一方印章而自豪，有印家更是对他的印章做出了"如长枪大戟，尖锐挺拔，有豪雄之气"的高度评价。

在重庆期间，乔大壮还为许多要员名流治印，其中不乏孔祥熙、章士钊、孔令仪这些大家巨族慕名来求。徐悲鸿常用的"上清沧谪"以及东坡名句"始知真放在精微"两方印皆为乔大壮寓居重庆时所刻。此外，蒋介石于公元 1942 年访问印度，乔大壮还刻"林里资哥"印，作为蒋介石访问印度时赠送印度总督林里资哥的礼物。

乔大壮所治"林里资哥"印

经年累月挥刀刻印，让乔大壮的手磨出了重重老茧，有一回，还伤到了左手拇指，损及静脉，很长时间不能持印应刀。这样的艰难境况除了少数友朋知悉外，乔大壮也并不为外人道。其间，他常对朋友们谈起他的治印心得："篆刻乃以字写意，最能表明艺人心迹。刀、石俱为硬物，宁折不弯，起刀驻刀之间，犹豫不得。"宁折不弯，既是他的艺术态度，也是他的人生态度，两者在一个人身上得到了高度融合。乔大壮后来之

乔大壮为晏济元所治印

所以能在民国晚近中国篆刻界有较高的地位及影响，跟他寓居重庆十年间的努力实践是分不开的。

结社吟诗

战时的重庆，集聚了全国涌来的许多文化名人，他们中有大学教授，爱国诗人、作家，积极为抗日救亡进行主题创作的艺术家，以及宣传抗日救国的新闻工作者。他们有一个共同的志向和理想，即以笔墨为枪，声援前线。诗词结社，成为他们抗日的一种表达方式。乔大壮作为当时有名的词人，自然也是结社和参与文艺社团的中坚力量和积极分子。

公元1940年，乔大壮参加了章士钊、沈尹默、潘伯鹰、许伯建、江庸等人发起创办的饮河诗社。除了发起人外，诗社还网罗了陈寅恪、吴宓、马一浮、谢稚柳、沙孟海、程千帆、沈祖棻、曹聚仁、潘光旦等一干创作旧体诗词的大咖以及俞平伯、朱自清、叶圣陶、施蛰存等新派诗人，许伯建作为本地文学青年入社，得以跟随这班"渝漂"大咖近身学习，进步很快。

诗社假诗人、书法家曾克耑在重庆罗家湾的居所"樱宁楼"为社址，经常雅集，研究和创作旧体诗。有时候也在潘伯鹰的张家花园三号、许伯建的石桥铺乡下雅集。因为频繁躲避日寇的空袭，雅集有时候也在乡下岩洞里举行。据许伯建回忆："诗社即今罗家湾下，地近张家花园之叶氏小别墅。略有花木余地，中为一楼一底西式砖屋，约十七八间，旧为钱商叶敦彝所筑，履川居此约七八年，其楼署曰'樱宁'，甲申乙酉之际，余以尝应颂橘邀宴于此。"

而在许伯建的学生苟君的记忆里，诗人们更多时候不得不"往城外跑，崖脚脚、山沟沟、河边边，都可以雅集。像红岩村嘉陵江边、华岩洞山谷、鹅岭飞阁崖下，都成了诗酒文会的好地方。有次在华岩洞里，潘伯鹰、乔大壮、曾履川、陈匪石、许伯建正在喝酒，忽然空袭警报响起，几位先生喝得上好，诗兴正浓，全然不顾，我非常敬佩"（《抗战时，重庆有个饮河社》，重庆上游新闻，2019 年 2 月 18 日）。

诗社的创作方式有时候是联句，更多时候是拈题分韵，而创作主题自然离不开对时局的关注，诗人们的作品因此而有了诗史的价值。如潘公旦《1940 年夜过回龙山望重庆市区》："乱山无语送宵征，泻地飞光月渐明。鼎沸犹思鱼纵壑，池荒久厌世言兵。一篗饱吠疏篱犬，百媚谁倾不夜城。如此繁忧销未得，喧喧箫鼓动春营。"潘公旦《六月十五夜闻警报此入岁第一次也》："接翅鸦飞噪晚霞，红球高处遍村哗。破空残响凄邻曲，贯树明虹断路车。银汉怯开秦镜满，碧城惊散楚腰斜。年来已厌吟哀些，更为猿虫一愤嗟。"皆是重庆当时屡遭空袭的真实记录和后方人们艰难生活的生动写照。

乔大壮《波外诗稿》（1959 年 3 月，艺文印书馆印本）对饮河诗社雅集的情况也有记录。《壬午九日会樱宁廙得发字韵》一诗当作于诗社某次雅集，同时可证诗社常以拈题分韵创作旧体诗。"不道南朝戏马人，万骑中原扫胡羯。书生屡与沟壑邻，坐待捷音望穷发。"诗中饱含着对侵略者的无限愤怒以及尽快驱虏出境的热望。

饮河诗社雅集的作品，经潘伯鹰组织，在当时的《中央日报》《扫荡报》《益世报》《时事新报》《世界日报》的专栏刊出，总共有一百多期数百首，对鼓舞后方斗志、团结各界抗日救亡力量起到了很好的作用。

除古体诗外，填词也是乔大壮的雅好，并且在当时的词人圈里，他的词作影响甚至超过了他的书法篆刻。少年时曾填两首《河满子》，被一代词学大家朱祖谋赞赏为"必传"之佳作。因在词学创作及研究方面经年之力，公元1941年，乔大壮被内迁到重庆的中央大学国文系聘为教授，教授词学。此一期间，晚清政治家杨度之子、化学家杨公庶和夫人乐曼雍以沙坪坝重庆大学寓所

乔大壮为杨公庶（右）乐曼雍夫妇所治印

雍园为阵地，潜心词学，填词寄情，为清苦的后方生活提供了一丝雅趣。（乐曼雍在战时重庆创立的儒英小学依然存在，现为重庆育英小学，与重大附属小学比邻，雍园就在育英小学近处）

1947年，儒英小学全体教职员欢送乐曼雍（前排左三）赴上海留影

南京师范大学文学院博士许梦婕在《论民国时期雍园词人群体创作及其意义》一文中，对雍园词社这一段为期近九年的词人群体的活动有全面介绍。根据她对雍园词人群体的研究，这个词人群体虽然在数量上不及饮河诗社，但在阵容上丝毫不逊色于饮河词社。陈匪石早年曾随张次珊、朱祖谋等前辈学词，是南社成员；叶麚虽主修哲学和心理学，但诗词造诣也极深，吴宓曾有"写就新词倾一世，得君方信文人贵"的赞叹；吴白匋师事黄侃、吴梅等大师，是南京著名词社如社成员；汪旭初则是章太炎门下弟子，得章老夫子音韵、训诂、文字诸学问之真传；沈祖棻、唐圭璋、沈尹默，则以擅词而兼修多能而闻名于世。这个群体融合了故交、师生、新知几种社会关系，更为难得的是，他们的创作风格相似，均沿袭"晚清四大家"的立派宗旨，"讲究情感内蕴与表达方式的双重统一"，"以忧国之情为主旋律，时刻将个人情

感与国家兴亡维系在一起，展现出了他们高尚的人格品性和敏锐的创作视觉"。

居雍园时，还有人出面许他高官厚禄，被他作词智退。这首表明心迹、深恶官场的《菩萨蛮》，在重庆传读一时：夕阳红过街南树，梦飞不到春归处。翠羽共明珰，为君申礼防。东风寒食节，阑外花如雪，百褶缕金裙，去年沉水熏。

唐圭璋曾对朋友说：吟诵这首《菩萨蛮》，仿佛看到屈夫子香草美人的形象自喻，以这样身份高绝的人，让他侧身污秽如厕的官场，那真是难为他了。

雍园词人群体所作词，公元1946年由杨公庶主持编辑成书，名为《雍园词钞》，铅印发行，送诸同好。《雍园词钞》由乔大壮题签，收叶麐《清梦词》、吴白匋《灵琐词》、乔大壮《波外乐章》、沈祖棻《涉江词》、汪东《寄庵词》、唐圭璋《南云小稿》、沈尹默《念远词》和《松壑词》，并附录陈匪石《旧时月色斋诗》27首。因此，《雍园词钞》合计收词573首，乔大壮《波外乐章》三卷共106首，为单个词集数量最多者。从质量上来看，也当属于这个集中的上乘之作。论

乔大壮为《雍园词钞》题签

者认为其词幽咽吞吐、沉郁蕴藉，近晏几道、秦观、贺铸之词风，其性孤高狷介、至情至烈，其词又呈现出气格高华、沉郁深幽的特质，是典型的词心之作，在民国词坛具有独特价值。唐圭璋赏其为"一代词坛飞将"，洵非虚誉。可惜乔大壮于公元 1948 年自沉于苏州平门梅村桥后，其诗词也随其旧式文人之身而被时代掩埋，世间从此绝少知赏者。

痛失亲人

在重庆生活的十年间，乔大壮家庭发生系列重大变故，先后丧妻失子。家国之痛、黍离之悲，对于他这样至情至性的人，是很难排遣的。饮酒而可稍忘切肤之痛，托于辞章而沉于杯盏，是他在重庆生活后期的真实状况。

乔大壮夫人高希祖出生泸州望族，祖上高树与弟高楠是光绪八年（公元 1882 年）同榜进士，在兵部任职时与乔大壮祖父乔树楠订交，有通家之谊。乔大壮成

重庆华岩寺，
乔大壮初到重庆时曾住附近草庐

年后，由两家老人做主，顾印愚做媒人，将高希祖嫁与乔大壮。通家而兼姻亲，乔高两家自此亲上加亲。

高希祖出身名门闺秀，通翰墨。嫁入乔家后，先后生四子三女。迁居重庆后，要解决这么多口的生活用度，生活重担可见一斑。高希祖只得放下笔墨，辛勤农事，在住家附近开辟荒地，自种蔬菜，以供家需。

其时，乔大壮的几个子女都先后到了婚嫁的年龄。乔大壮和高夫人尽管节衣缩食，还是无法为他们筹备出像样的婚嫁妆奁。为人治印的收入，积少成多，刚好有了一万元之后，又被乔大壮慷慨赠给了留在南京的好友徐森玉。徐森玉是他在国民政府教育部工作时认识的老朋友，困居上海孤岛期间，因拒绝为日、汪卖命而身临困境，乔大壮闻听消息后动情地说："这样的人才称得上是一个有骨气的中国人！他为爱国而遭难，我哪有不帮之理？"于是将自己治印收入的一万元全数赠给了徐森玉。此事在重庆士林传为佳话，但急需用钱的乔家，不要说给孩子们置办嫁妆，连改善生活的希望也没有了。

松林坡幼儿园旧照，此地过去是中大学生宿舍

连年辛苦操持家务，使高夫人积劳成疾。公元 1941 年秋，高夫人病逝于重庆宽仁医院（现为重庆医科大学附属第二医院）。中年失侣，乔大壮异常悲痛，"夜夜伴于灵柩之旁饮酒达旦"。据周冰、刘绍刚编《乔大壮先生年表》记载，是年乔大壮租船由其次子率同年仅 16 岁的四子乔无度，将高夫人灵柩运回成都双流金桥镇潘家沟祖茔安葬，从后来他的诗词作品记录来看，乔大壮此番并未同回成都，一方面可能是节约旅资；另一方面公务缠身，以当时的交通条件，成渝两地往返加完成葬仪，自当耗费不少时日。不过，在我看来，还有一层最深刻的因素，在于乔大壮怕触景伤情，痛不能抑。唐圭璋在《回忆词坛飞将乔大壮》一文中，对当时情景有真实记录：

天祸壮翁，妻亡室毁。翁顾影凄清，怅怅无所之，念重庆万人如海，一身逼仄，乃日日杜门倾壶，夜夜和衣而卧。余偶过访，即诵东山词云："重过阊门万事非。同来何事不同归。梧桐半死清霜后，头白鸳鸯失伴飞。原上草，露初晞。旧栖新垅两依依。空床卧听南窗雨，谁复挑灯夜补衣。"知翁之悲痛深矣。

送高夫人回祖茔是在一个有雾的凌晨，乔大壮在一阕《生查子》词中，记录其事：

舵楼东逝波，鹢首西沈月。

何似一心人，自此无期别。

犯雾剪江来，打鼓凌晨发。

君去骨成尘，我住头如雪。

哀婉深沉，不逊前人悼亡之作。唐圭璋论这首《生查子》"至情流露，句句沉痛"。

然而祸不单行。四子乔无度在葬母后，竟染破伤风败血症而不治。丧妻失子，雪上加霜，乔大壮"须发为之尽白"。在《无度殇》二首诗里，诗人强抑个体遭际带来的切肤之痛，将恨别之情转移为感时之意，生命境界为之一高，大有"感时花溅泪，恨别鸟惊心"的少陵诗境："看天病眼哀时泪，得暇垂头是道场"，"儿曹好破虚空阵，泪满家山百战场"。日后，五

抗战时中央大学借用重庆大学松林坡地兴建的校舍旧影

227

子乔无遏以"飞虎将军"在对日空战中击落日本零式机，给侵略者迎头痛击，让乔大壮为之大快，当年的殇子之痛，终算得到了很好的告慰。

组织艺事

战时重庆，空降许多全国文艺精英，他们与本地文艺界名流之间颇多互动。在重庆的十年间，乔大壮与本地名流、士绅、书画界同好乃至禅门皆有交往，为抗战期间的重庆翰苑留下很多佳话。

岳池藏书大家陈树棠当时也寓居重庆，其家族经两代人努力，收藏各类图书达 5 万多套卷，其中不乏元代刻版《南齐书》以及明、清金陵刻版善本数十卷珍贵藏品，此外，还有县志、府志、省志 200 多部，清代优拔朝考殿试卷 20 大柜。为保护好这些珍贵的藏书，陈树棠在家乡岳池斥资修建藏书楼，并为其取名"朴园书藏"。时任国民政府主席林森亲自为"朴园书藏"题写"缥缃世守"匾额以示祝贺。山城的社会名流及文人雅士，包括于右任、乔大壮等，纷纷写诗题赋，以贺陈氏。在《题岳池陈氏朴园书藏》两首中，乔大壮赞赏陈氏一族之举堪为"劫后文光"：朴园述祖烦蒐采，寸纽蟠朱押卷端。"朴园书藏"的建成，大约是战时后方最值得文化人为之高兴的一大盛事了。

公元 1942—1943 年，乔大壮还积极在重庆组织成立印社和书会，广泛联系"渝漂"艺术家及本土艺术家。先是与唐醉石成立巴社，每周举行一次"中国艺文馆"聚会，"凡雅而能文者皆可来之"。巴社吸引了黄笑芸、冯建吴、吴震光、许伯建、徐无闻、李中荃、曾右石等本土篆刻艺术家参与。乔大壮主持其事，对这些本土艺术家多有指导。巴社成员的篆刻作品，后来汇编成《巴社印选》，乔大壮亲自为之作序。在序中，他如是写道：闻之相斯刻玉，乃树秦威，黄门就章，爰昌汉道，锲而不舍，镙来尚已。懿夫屠龙绝诣，方聚三巴，倚马余闲，弥耽寸铁，昭兹函夏，绍彼黄虞，庶整金瓯，缅稽玉检，哀然一集。作者八人，气类有徵，甄匋日广，可不谓之盛乎？

抗战时的儒英小学与重大附小一墙之隔，雍园旧址即在儒英小学附近

很显然，乔大壮是将篆刻之艺事作为整金瓯、昭函夏、树国威、昌汉道的大业，加以昌明号召的。篆刻家手上所持的寸铁，恰可作抗日杀敌的投枪，以此观察重庆当年的文艺活动，无一不含抗日救国的深意。薪火相传，当年巴社的成员如黄笑芸，虽是当时最年轻的成员，但有机会亲炙乔大壮篆刻艺术，帮助他日后成长为重庆艺坛大家，举办涂山书画社，使乔大壮篆刻艺术在重庆开枝散叶，这段短暂的战时巴社经历，可谓意义深远。

公元 1943 年，乔大壮与沈尹默、潘伯鹰、曾克耑、曾绍杰等十二人在重庆组成癸未书会，交流书法篆刻艺术，并举办《癸未书法展览》。参加展览者有李天马、于右任、张大千、郭沫若、徐悲鸿、傅抱石、李可染等当时即享誉艺坛的大师级人物，乔大壮也因此结识很多重庆本地艺术家。

2019 年夏秋之际，笔者在苏州平门桥祭奠乔大壮

艺文名士与禅门高僧的交谊，历来不乏，史已多见。或因于年幼时那次华严寺之游记忆太过深刻，或因于乔大壮命里有亲近佛法的天缘，在重庆的十

年间，他也与高僧大德有过从，如华严寺方丈钟镜大和尚，留下一段佳话。

钟镜俗姓张，籍四川西昌，与乔大壮算是四川同乡。和乔大壮命运相似，钟镜也是幼年失怙。但他读书悟性很高，不满于当时的社会现状，他在年轻时选择了出家，此后矢志禅学，于公元1935年被推举为华严寺住持。乔大壮迁居重庆后，因缘巧合，就住在华严寺附近，因此与钟镜和尚结缘。

在华岩期间，乔大壮与钟镜和尚时有晤谈，因相互投缘，一僧一俗之间也常写诗唱和。钟镜和尚其时在主持《华严寺志》的编撰，就请乔大壮为寺志题签。乔大壮欣然同意，并为寺志写序，赞扬他"革故鼎新，振聋发聩。肃僧纲，严戒律，宗风为之一振……时人号中兴焉"。

乔大壮《波外诗稿》收录有《待老山华岩寺》五律四首、《次韵仲威见怀华严之作》七律一首及《与华严寺退院僧镜公》七律一首，可略窥他们的

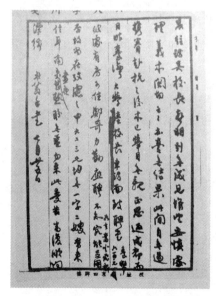

壮翁手书（乔大壮儿子乔新提供）

交往，这些诗作也被钟镜收录到《华严寺志》中。

以六首诗的体量记录这段难得的交往，在乔大壮《波外诗稿》中，是非常少见的。在《与华严寺退院僧镜公》一诗中，他似乎隐约解释了自己喜欢华严寺、钟镜大和尚及期待有朝一日能皈依佛门的缘由：鬓丝宛对茶烟飏，曹务稀逢沐日闲。若问搌眉莲社否，余生何计守禅关。

世间所有相遇，都是久别重逢。这段难得清静的禅门闲谈时光，或许是乔大壮寓居重庆十年间最幸福的一个片段吧。相逢之后，是他们的久别。生当乱离之世，他们甚至都来不及给彼此报个平安。公元1947年，乔大壮离开重庆，前往台湾大学任教，次年自沉于苏州平门梅村桥。而钟镜和尚呢，1950年被迫还俗，留寺小卖部度口，1957年病逝。

前后十年，风流云散。除了《华严寺志》和乔大壮的诗，没有人会注意到这段僧俗之间在战时重庆结下的缘分。

（有关资料据周冰、刘绍刚编《乔大壮先生年表》）

宋人笔记里的中秋赏月

"没有月球的持久影响，地球会像个快要停转的陀螺那样摇摇摆摆，天知道会对气候和天气产生什么后果。"

美国作家比尔·布莱森在他的名著《万物简史》中如此阐述月亮对于人类的意义："由于月球持久的引力影响，地球能以合适的速度、合适的角度自转，为生命的长久和成功的发展提供一个必须的稳定环境。"但是他也警告人类说："这种情况不会永远下去。月球在以每年大约 4 厘米的速度脱离我们的控制。再过 20 亿年，它会退缩到很远的地方，无法再维持我们的稳定……你该认识到，它远不只是夜空中一道悦目的风景线。"

20 亿年，对于人类来说，漫长得似乎没有涯际，但是对于宇宙的进化来说，那只不过是一个自然的周期规律。我们很难想象，月亮退缩在我们视线之外的那种场景——姑且把维持地球稳定这个科技概念抛在一边，仅就浪漫的、精致的精神生活影响来看，它势必让我们变成另一个意义上的"失心疯"。人间万姓仰头看，还看什么呢？浩渺的天际都是无边无际的黑暗。所以，在20亿年这个期限来临之前，月亮对我们来说，就是夜空中一道悦目的风景线，我们该懂得怎样珍惜和月亮相处的每时每刻。

这种相处方式在科技未达之前，让人们的创造力和想象力在过往的历史中不断发展，承唐人的浪漫，宋人则将这创造力和想象力推向了极致。

即便是偏安一隅的南宋王朝，也非常重视皇室园囿的建设，而在这些园林建筑中，用于宴游赏月的宫殿，是宫殿建设时重中之重的考虑。

南宋著名史学家李心传在他的著作《建炎以来朝野杂记》中，对南宋都城东宫的建筑有翔实的记录：

淳熙二年（公元1175年）夏，始创射堂一，为游艺之所。囿中又有荣观、玉渊、清赏等堂以及凤山楼，皆燕息之地也。

从这段记录可以看出，东宫太子的宫殿建筑群中，修建了射堂、荣观堂、玉渊堂和清赏堂等游艺和燕息之用的建筑。特别值得一说的是清赏堂，这个建筑存在时间很短，从公元1175年建成，到公元1276年南宋朝廷投降元军，皇城被元军拆毁，刚好102年。但就是这100余年间，太子和文人、伎乐在这里宴游欢乐、中秋赏月，达到一朝之盛。如今的杭州西湖凤山路一线，当年可是繁华歌舞场。

《钱塘县志·纪都》对南宋都城的建筑有如下记载：宫内有大殿三十余、堂十三、阁十三、斋四、楼七、台六、亭十九。根据后来的考证，正衙大庆殿位于丽正门内，其西是垂拱殿。宫城后苑，林木葱郁，怪石夹列，四时花木各题雅名。供皇帝四季游乐的亭台楼阁，有春天醉卧的钟美堂、夏季避暑的翠寒堂、中秋赏月的依桂阁、冬天观雪的明远楼。

依桂阁，这名字真是透着香气。中秋之夜，桂花浮香，霭霭袭人。花好月圆，莫此为甚。

除了清赏堂、依桂阁之外，宫中还有一些建筑用于赏月，如秋晖堂、碧岑等。

诗人杨万里得幸曾参与过三堂的文艺活动。公元1186年，太子（后来的宋光宗）在荣观堂召宫僚燕集，杨万里在宴请的名单中。"酒半，从至玉渊堂。"

在他的《诚斋集》中，有很多和太子的诗。这些诗可谓他们在节日里宴会欢聚于清赏堂的真实记录。《和皇太子梅诗》其一：清赏堂前隔俗尘，南枝得雪晓争新。独将却月凌风影，搀献储皇第一春。

同时代诗人汪元量是琴人，参加过很多次清赏堂的宴乐。南宋灭亡时，他与皇室一起被押往元大都。十年后得以还国，匆忙赶往凤山故地，吊唁曾经的皇城和旧人。尽管他知道皇城已毁，但眼前所见，仍让他伤心怆怀不已。想起过去的旖旎风光，他抑制不住心酸，写下了如下诗句：

美人未去时，朝理绿云鬟，暮吹紫鸾笙；美人既去时，阁下麋鹿走，阁上鸥鹬鸣……

　　吹笙鼓乐，赏月清玩，曾经浪漫雅致的帝宫岁月过去了。诗人今后面对的中秋月夜，将是凄凉孤寂的。

　　诗人如此，画家当然也不会闲着。即便是身为宫廷御用画师，他们的艺术创作里，也不会忘记对月亮的高度礼赞。从马远的《对月图》到佚名的《瑶台玩月图》，我们依稀可以看到从宫廷到民间对中秋赏月的重视，它几乎成了一个偏安王朝的时代风尚。

　　中秋节赏月，是中秋节重要的节日活动。但对宋朝人来说，玩月似乎更准确。从字面上看，"赏"似乎更高雅，而"玩"则多少有些调皮、不正经。实际而言，宋人的"玩"其实也是高雅的更高层次体现。

　　宋人吴自牧的《梦粱录》卷四《中秋》对南宋都城临安的市民玩月风尚有详细记录：

　　此夜月色倍明于常时，又谓之月夕。此际金风荐爽，玉露生凉，丹桂飘香，银蟾光满，王孙公子，富家巨室，莫不登危楼，临轩玩月，或开广榭，玳筵罗列，琴瑟铿锵，酌酒高歌，以卜竟夕之欢。至如铺席之家，亦登小小月台，安排家宴，团圆子女，以酬佳节。虽陋巷贫窭之人，解衣市酒，勉强迎欢，不肯虚度。此夜天街买卖，直至五鼓，玩月游人，婆娑于市，至晓不绝。盖金吾不禁故也。

　　登楼、饮酒、高歌、买卖……上至富贵人家，下到小门小户，都要竟一夕之欢，即便是陋巷的穷人家，也要去当铺，以衣换酒，不肯虚度，起码，这玩月的心态，就不免要让人叹所不及。

　　皇室同样是如此，今夜无论是在清赏堂，还是依桂堂，或者秋晖堂，都一定要举行赏月延桂的活动，皇室夜宴也是少不了的。钱涵《钱氏私志》记载了帝王的中秋之夜：

　　　岐公在翰苑时，中秋有月，上问当直学士是谁，左右以姓名对，命小殿对设二位，召来赐酒。公至殿侧侍班，俄顷女童小乐引布辇至，宣学士就坐。公奏故事无君臣对坐之礼，乞正其席。上云：天下无事，月色清美，与其醉声色，何如与学士论文。若要正席，则外廷赐宴。正欲略去苛礼，放怀饮酒。公固请不已，再拜就坐……夜漏三鼓，上悦甚……宴罢，月将西沉，上命辄金莲烛，令内侍扶掖归院。

　　这篇笔记里的主角，是祖籍成都华阳的宰相王珪，因封岐国公，所以雅称岐公。文字里他是主角，但在帝王的中秋夜宴里，他只不过是月亮的一个配角。从奢华与精致程度而言，皇室的中秋赏月当然比民间高级了很多，但月色无偏私，它照在临安城，一样的浩大皎洁。当然，王珪出现在这个月色下，也并非没有意义：皇帝礼贤下士，在赏月时要免去君臣之礼，可见月亮之功大焉。

周密《武林旧事》专记皇室和民间的中秋赏月，可证南宋都城皇室内苑的赏月建筑所言不虚：

禁中是夕，有赏月延桂排当，如依桂阁、秋晖堂、碧岑，皆临时取旨。夜深，天乐直彻人间。御街如绒线、蜜煎、香铺，皆铺设货物，夸多竞好，谓之"歇眼"灯烛华灿，竟夕乃止。此夕浙江放"一点红"羊皮小水灯数十万盏，浮满水面，烂如繁星，有足观者。或谓此乃江神所喜，非徒事美观也。

两宋的赏月风尚，因宫廷政令与民间风从两大因素相互影响而形成。当然，庞大和厚实的民间基础，是这个风尚形成的主要力量。皇室如此，经济条件许可的大臣，其赏月风雅当然也不遑多让。在张约斋的私人笔记《张约斋赏心乐事》里，赏月的记录也很详尽。

张约斋即张镃（1153—1211），以号约斋而名世。曾助史弥远诛韩侂胄，是循王张俊的曾孙、词人张炎曾祖。他是世家之后，家境优渥，又风流倜傥，多才多艺。因此，有较雄厚的文艺基础，其精神消遣自然是极尽奢靡。周密《齐东野语》说他"其园池声伎服玩之丽甲天下"，大有超越其曾祖张俊举办天下第一豪门国宴的豪气。他家的园林建筑里，用于赏月的很多，而且是按季节使用，比如孟春在揽月桥赏月，中秋则在摘星楼赏月，并举行家宴。赏月的同时，约斋同时也要安排赏花，席中，除了宴请的主要来宾以外，侍候这场盛大的赏月乐事的"歌者、乐者无虑数百十人。酒竟，列行送客，烛光香雾，歌咏杂作，客皆恍然如仙游也"。其豪门中秋可谓一时无二。

在另一部笔记孟元老的《东京梦华录》里，中秋观月盛事和其他笔记所记略有差别：

中秋节前，诸店皆卖新酒，重新结络门面彩楼，花头画竿，醉仙锦帝，市人争饮。至午未间，家家无酒，拽下望子（酒旗）。是时螯蟹新出，石榴、榅勃、梨枣、栗、葡萄、弄色橙橘，皆新上市。中秋夜，贵家结饰台榭，民间争占酒楼玩月，丝簧鼎沸。近内庭居民，夜深遥闻笙竽之声，宛若云外，闾里儿童，连宵嬉戏，夜市骈阗，至于通晓。

这篇笔记的可贵之处，在于将中秋节前市场卖酒的状况做了详尽介绍，为中秋夜的酒楼玩月极尽铺垫之能事。宋人玩月佐酒，以至于到了中午，家家的酒就卖完了，不得不放下酒旗。此外，螃蟹、石榴、葡萄等上市，作为赏月的佐品，在家宴的盘面上，也是少不得的。其余通宵之乐，和《武林旧事》所记没有差别。

钱塘观潮，可以看成宋人中秋赏月的余戏。七月既望而至十八日，加上中秋夜，一共四个晚上，宋人的享乐，也可以说是深得折腾之真昧。《武林旧事》写禁中观潮，虽不足百字，但也可略窥其壮：

> 禁中例观潮于天开图画，高台下瞰，如在指掌。都民遥瞻黄伞雉扇于九霄之上，真若箫台、蓬岛也。

天开图画是临安宫殿中一处高台，也是皇室观月的一个场所。潇散与缥缈，宏大与婉约，奔放与柔静，都融在了观月与观潮之中。任职于南宋画院的画家李嵩或许有幸在禁中陪皇帝看潮，便画下了《夜月观潮图》。在这幅尺幅仅为22.3×22厘米的小幅面绢本设色山水画中，画家很好地处理了观潮的阔大景象与夜月的柔美景象，将动静、远近融于一纸之中。皓月当空，江潮排山，生在其境，真不知是今夕何夕。

寄语重门休上钥，夜潮留向月中看。李嵩在画边题下的两句颇堪玩味，它是两宋看月观潮风尚的另一个证据，也是中秋夜京师金吾卫敞开城门、通宵宴乐的真实写照。因着这两个金字招牌，也难怪，身在今天的人们，总是情不自禁将两宋列为最想穿越的朝代。

嘉庆年间的海上缉盗

19世纪初的东南沿海暗流汹涌。

刚刚承继大清帝国大统不久的新皇帝嘉庆正思一番作为，以挽救乾隆末期留给自己的这个危机四伏的政局。在正式亲政前，他并没有让自己成为一个最高统御权的摆设，而是在太上皇无心或无暇顾及的事务里，彰显他应有的权威，并蓄力培植自己的亲信臣僚。对琉球事务的特别关注以及一改历史的雷霆手段，让他很快在东南沿海区域树立起了威权。

先是将浙江巡抚福松调整，改由自己亲信的觉罗吉庆担任，再是给予福州将军更大的海上事务权限，让福州将军魁伦同时署理闽浙总督。他调看了太上皇数十上百件关于海上事务的朱批，多为免除琉球船只税务及给予琉球灾民风灾抚恤等事务，太上皇依例批示"知道了"。照理这些事务当属难免，也是帝国恩遇之必须，但嘉庆对海上洋盗及匪贼蜂起的情形其实早有耳闻，闽浙地方官或许早已经谙熟了太上皇"报喜不报忧"的心态，数十年间从未有一纸奏闻，而精明的太上皇也继续心安理得地做他的太平天子。从两江而至琉球海域，多年来的风平浪静，让帝国上下处在一种幻境之中。

年轻气盛的嘉庆皇帝知道，是到了需要吹破这个幻境、理性面对的时候了。公元1796年的正月刚过，他就给觉罗吉庆和魁伦下了一道密旨，缉拿为患海上多时的盗首林发枝及王流盖等众。此两盗首海上作乱多年，抢掠官米，劫夺炮位，甚至登岸拒捕，十分猖獗。多年经营，势力日盛，当然危害也日大，不趁早缉拿，恐将为患海疆。

觉罗吉庆和魁伦遵旨即办，以极高的效率和极雷霆的手段，严令舟师加强侦探搜拿，严密缉捕。很快找到盗匪踪迹，当即调集优势兵力和炮火，对王匪部众进行无情打击，王流盖被炮火击毙，林发枝一犯逃亡，獭窟舵带领伙盗投降，嘉庆即位后的海上首次缉盗获得成功，对其他盗贼也形成了强大的震慑作用。《清实录·嘉庆朝实录卷五》记录了嘉庆对这次缉盗相关人员恩赏的手谕：獭窟舵著赏给守备职衔，并赏戴蓝翎，仍赏大缎二匹，用示奖励。至折内所称"该匪等请出洋缉捕"，现在择其强壮勇往者，令跟随官兵缉捕，此或一法。但宜倍加慎重，不可稍存大意。

用盗缉盗，这是嘉庆首捷之后采取的办法。但很明显，他对这个不是办法的办法还是拿不准。在给魁伦等人的手谕中，他又说：（獭窟舵）如能将林发枝擒获献功，固当格外优赏……将来捕盗事竣，此等投出之人，岂能日久官为廪给，或令其散归本籍，各谋生业，或令其当兵，以免伊等乏食，又致故智复萌。总之宜散不宜聚，方为妥善。

榜样的力量是无穷的，嘉庆的海上缉盗就此全面展开。不独琉球海峡，广大的两江区域也陆续展开全面缉盗。嘉庆元年（公元1796年）2月，魁伦奏报，在宁台洋面叠次拿获匪船，并生擒盗匪。魁伦力举守备蔡得耀、千总常遇恩此次拿获洋匪甚属奋勇，应出缺升用。嘉庆龙颜大悦，在魁伦的奏章边朱批：此二人可嘉之至，另有旨。

至当年9月间，海盗陈亚添、黄冠右、谢亚三及一众洋盗俱各缉拿归案或伏法。11月，洋盗梁得光率众投首呈缴器械及其船只。据浙江巡抚玉德所奏，梁得光此次伙同25名同伙投首，送回11名被掳难民、大小炮5门、刀枪等器械29件、火药1匣、铅子18夹及盗船1只。从规模上看，当属小规模海盗，和首缉的王流盖及投首的獭窟舵的规模自是不可同日而语，但这足以说明一年来的嘉庆海上缉盗已经颇有成效。

嘉庆二年（公元1797年）初，捷报陆续传来，海盗谢郁洪被拿获；1月24日，拿获盗首大辫贵；28日，海盗谢玉祥被拿获；7月，盗首林发枝（后改李发枝）因围剿严密、势已穷蹙而带领盗伙130余人投首。对于李发枝这个海盗首恶的处置，魁伦在他长达6页的奏折中表明"臣实未敢擅便"，只"不露声色当堂赏给李发枝银牌衣帽并赏给外委顶戴，以示不疑，并安众心，暂时留于闽省，伏候谕旨遵行"。

对李发枝的处理，颇见嘉庆的手腕和智慧。或许，一方面，随着亲政日期的临近，他最大的政治压力已经转移，对海上缉盗事务的关心已大不如前。另一方面，经由两年时间的大力缉捕，海上渐归平静。因此，怀柔政策是他的最好选择。嘉庆二年7月23日，嘉庆颁布谕旨：赏投首洋匪林发枝七品衔来京安置，伙盗分别安插如例。林发枝（李发枝）也从此洗心革面，报效朝廷，并且屡立新功，后升至千总（正六品），比投首后嘉庆赏赐的从七品衔上升了一级，从海盗而成为帝国武官，人生从此改变方向。

但明面上的海上缉盗大业还是要继续。随后，嘉庆又给魁伦下了一道谕旨：闽省洋面，自林发枝投首后，较前已渐宁戢；着传谕魁伦，仍督饬在洋巡缉各镇将严密缉捕，以靖海疆，不可日久生懈。

至嘉庆五年（公元1800年），除洋盗蔡牵与嘉义县洪四老联合继续作乱之外，海上逐渐平静。靖海得力干臣魁伦丁忧，新的闽浙总督玉德和浙江巡抚阮元等负责海上缉盗事务大臣看上去不如他们的前任那样，要顶着巨大的压力缉拿海盗。然而，新的乱象又在海上出现。嘉庆六年（公元1801年）11月发生在海上的一桩命案，还是让帝国上下颇为震惊。

嘉庆六年正月初八，春节还没有过完，上海某商船遭遇台风，漂至琉球地方。该船水手程朝中多次上岸，骚扰调戏妇女，受到同船伙伴的阻挠和训斥。程朝中担心他们返乡后向船主举报，遂生灭口之念，于二月初九夜将同船水手秦效山、陆信达、周寅、高正元四人用斧头砍伤并致四人死亡，被人发现后，程朝中又将曹鹤林、张发林、秦魁、张增四人压在头舱，砍破船底，意图溺毙众人。幸得另一名船员负伤挑落杉板小船登岸呼救，四人才得活命。由于性质恶劣，影响甚坏，程朝中被凌迟。

嘉庆后期，直至道光年间，清朝的海上匪盗已基本被肃清，帝国面对来自海上的压力，已从盗匪的海上劫掠作乱，变成了列强的海上拓疆。嘉庆初年的海上缉盗，自是无法作为经验留给他的子孙们了。

（有关史料据《清实录》及《清代琉球史料汇编——官中档朱批奏折》）

面条进化史

1

　　如果不是一次意外的地震，我们不会知道，国人吃面条的历史会往前推 2000 多年。

　　这个考古现场在青海喇家遗址，时间点是 2002 年。被发现的面条在一高 10 余厘米的倒扣陶碗下，面条直径约 0.3 厘米，呈细黄色，很像中国西北部小麦粉做成的拉面。由于陶碗倒扣而且被泥石流中的矿物质所覆盖，这碗面条得以保存下来。

　　被检测出来的面条成分让考古学者大感意外：小米面和黍米面。其中，还有少量的油脂、类似藜科植物的植硅体以及少量动物的骨头碎片，这些应该是这碗面条的配料，说明这还是一碗荤面。

　　这碗因地震保存下来的面条，被科学证实至少有 4000 年历史。而此前的常识，面条的文献记载历史，最早出现在东汉时期，只有2000年上下的历史，这次地震将面条的历史往前推了2000多年，让中国无可争议地成为面条发源地。

2

这碗4000年的面条留下了许多历史悬疑，需要更多的发现来解释。小米少黏性，史前人居然能以此做成这么细长的面条，工艺得于何时何人？善吃的天性里，深埋着国人创造性的基因，而南粥北面的传统认知里，也是基于面粉和大米这两个主要成分来进行饮食习惯分类的。地域不变，人在流动，南人北习或者北人南习，说的更多是吃食。第一碗面居然是米做的，这多少颠覆了我们今天对面食的认识，而从其配料丰富程度来看，即使隔了4000年的历史时空，它依然和我们今天的面食保持着高度的一致。

对吃货而言，面食的魔力或许正在于这样的一成不变中，它本质里葆有的安稳和底气，是朱门酒肉厌倦和腻味之后，暖心暖胃的实在。工艺像一套炫目的彩妆，再怎么变，总改变不了小家碧玉的内秀。

所以面条对人的好，在一部中国饮食史里，大多是在笔记、掌故、辞赋中出现，它很少会在正史里去争什么名分，和谁一较高下，可偏偏就是这么一种姿态，帮它赢得了并不低的声誉。

刘熙写《释名》，目的在于"晰名物之殊，辨典礼之异"，用的方法，正是从声音的角度出发，推求字义之所由来。因声求义，今天我们用这个方法，是很难为"面条"找到注解的。好在他专辟了"释饮食"一节："蒸饼、汤饼、蝎饼、髓饼、金饼、索饼之属皆随形而名之也。"看后人的补证，知道他说的，其实就是面条。王先谦补证引成蓉镜曰："索饼，疑即水引饼，今江淮间谓之切面。"张仲景《伤寒论·辨厥阴症脉症并治》："（病人）食以索饼；不发热者，知胃气尚在，必愈。"俞正燮《癸巳存稿·麪条子》："索饼，乃今麪条之专名。"麪条，可不就是面条。

由此可知，从东汉到魏晋，面条被称为"饼"。对大多数地区的人而言，汤饼是最简便容易的食物，有点类似于面片汤。《荆楚岁时记》说："六月伏日进汤饼，名为避恶。"《齐民要术》则干脆连做的方法都记录了下来：宜以手临铛上，捼令薄如韭叶，逐沸煮。韭菜叶子，宽面条也。

从韭叶而细条，面条形状的进化，并没有经历太长的历史周期。按照傅玄在《七谟》中的细腻描写，不难发现，时人对面食的风尚，已从韭叶而至细条了："乃有三牲之和羹，蕤宾之时面，忽游水而长引，进飞羽之薄衍，细如蜀茧之绪，靡如鲁缟之线。"

这个进化，被后来的吃货们所接受，也就是从这个时候开始，面条被定格为长条状。

3

按《齐民要术》对饼法的描述，"馎饦"这个面食在北魏时期其实已经成熟："挼如大指许，二寸一断，著水盆中浸。宜以手向盆旁挼使极薄，皆急火逐沸熟煮。非直光白可爱，亦自滑美殊常。"

进入唐朝，馎饦被制成糕点，而在当时的民间，汤面仍是共同的喜好。日本人在学习唐帝国的先进经验时，综合了糕点和汤面二者的优点，带回日本后，制成乌龙面，后来更成为山梨县的乡土料理，也就是地方特色吃食。这当中，有日本人的改良意识，更有青出于蓝而胜于蓝的狠劲。

根据《旧五代史·世袭列传一·李茂贞》记载，馎饦也叫"不托"："军有斗而诉者，茂贞曰：吃令公一椀不托，与尔和解。"宋人程大昌《演繁露》"不托"条递进解释："汤饼一名馎饦，亦名不托。不托，言不以掌托也。"

不托，这真是个好名字，比我们今天讲面条高雅多了。难怪很多文人在文章里宁叫馎饦，不称面条。欧阳修《归田录》卷二："汤饼，唐人谓之不托，今俗谓之馎饦矣。"《聊斋志异·杜小雷》："一日，将他适，市肉付妻，令作馎饦。"毛奇龄《曼殊回生记》："葛先生饥，乃就邻人买不托食之。"

《语林》记载了一段魏明帝与何晏吃汤饼的故事：何平叔

（即何晏）美姿仪，面至白，魏明帝疑其傅粉。正夏月，与热汤饼。既但啖，大汗出，以朱衣自拭，色转皎然。何晏是汉大臣何进的孙子，长得一表人才。魏明帝怀疑他脸上擦了粉所以脸白，于是大热天请他吃汤饼。何晏吃得大汗淋漓，就用红色的衣袖擦汗。结果，脸上白里透红，更为容光焕发。

何晏如果生在唐朝，大可不必在大热天吃汤饼的，因为那时候，凉面已经被推陈出新了。

要较真地讲，馎饦和汤饼其实就是面食的两种制法，张岱在《夜航船》中的自注可以佐证："不托即面，简于汤饼。"所以诗文中写馎饦和不托，是各有所指。

刘禹锡写《赠进士张盥》，还是叫汤饼，不叫不托，不单单是为了韵律的需要，而是凭添几分亲切自然与天真随和，或更因当日吃的就是简易的汤饼："忆尔悬孤日，余为座上宾。举箸食汤饼，祝辞添麒麟。"

不知汤饼为面条，或许会认为诗人举箸是多此一举：喝汤就饼要什么筷子呢？

可见文化的重要性。

当然，更有文化的做法是：下次面馆招呼，叫堂时记得这样吼："老板，来二两不托。"

4

尽管日本和意大利都有着各自的面条创造史，但说到做法的丰富和全面，他们远被中国人甩在了后面。

根据制条、调味、粗细的不同，中国各地出现了数以千计的面条品种，即使以地区特色吃食而名，粗略统计也有上百种之多。《东京梦华录》《梦粱录》《武林旧事》这些文人笔记中记载的品种就多达三四十种，此时，它们已经定名为"面条"了。其中，《东京梦华录》记汴京的面条，有四川风味的"插肉面""煠面"，南方风味的"桐皮熟烩面"；《梦粱录》记南宋的面食，就有"猎羊盦生面""丝鸡面""三鲜面""鱼桐皮面""盐煎面""笋泼肉面""炒鸡面""大熬面""银丝冷淘"（即凉面）等。

面条发展成熟之后，便出现了挂面。古籍中第一次出现挂面的文字记载，是元人忽思慧的《饮膳正要》："挂面，补中益气。羊肉一脚子，挂面六斤。蘑菇半斤，鸡子五个煎作饼，糟姜一两，瓜荠一两。"这是一种以羊肉、蘑菇、鸡蛋烹制挂面的方法。

袁枚这个大吃货，也是面食爱好者。在他的《随园食单》里，面条被列入了点心单中。他一共列举了鳗面、温面、鳝面、裙带面和素面五种。

他介绍鳗面的做法，如今已被大厨们模仿：大鳗一条蒸烂，拆肉去骨，和入面中，入鸡汤清揉之，擀成面皮，小刀划成细条，入鸡汁、火腿汁、蘑菇汁滚。

做法精细，用料甚丰，可谓"豪华"面。

他讲温面的做法：将细面下汤沥干，放碗中，用鸡肉、香菇浓卤，临吃，各自取瓢加上。

可不就是打卤面的做法？

他写裙带面，却甚新鲜："以小刀截面成条，微宽，则号'裙带面'。大概做面总以汤多为佳，在碗中望不见面为妙。宁使食毕再加，以便引人入胜。此法扬州盛行，恰甚有道理。"

大约袁枚常居江南，这个食单里提到的，都是北方"重汤轻面"的吃法。李渔则反其所道，喜欢"重面轻汤"，回归吃面的本质。《闲情偶寄》里，他这样唱反调："南人食切面，其油盐酱醋等作料，皆下于面汤之中，汤有味而面无味，是人之所重者不在面而在汤，与未尝食面等也。予则不然，以调和诸物，尽归于面，面具五味而汤独清，如此方是食面，非饮汤也。"

四川苍溪有一种很有名的干挂面，曾得友人赠食，其做法类同，即将盐揉于面中，面咸、汤也咸，不如调和诸物的吃法更有味。

5

米粉在晋代的出现，不是来对抗面条一统江湖的地位，而应该是对北人南居之后饮食习惯的一种眷顾。

所以在米粉的两个起源说中，从饮食习惯角度，我更相信第一种说法：东晋后的混乱时期，北方民众避居南方而发明的一种饮食。

第二种说法，虽然也是照顾北人的饮食习惯，但民间基础没有第一种强大：秦始皇占领桂林，由于当时北方的士兵在桂林作战，吃不惯南方的米饭，所以就用米磨成粉状并做成面条的形状，来缓解士兵的思乡之情。

这很有些诸葛亮屯军彭州遂发明军屯锅盔的套路感。

无论怎样，米粉的出现，让面条这个长条吃食不再孤单。喜长条吃食又担心面食致胖的人，从此多了一种选择。

再经过一段时间的进化，米粉分家了，一部分地区继续叫米粉，一部分地区改叫米线，它们在各自的进化之路上，塑造了一个又一个强大的品牌。

方便面的诞生，与其说是面条对当代生活的讨好，不如说是当代生活对面条的摧残，从即食、工业乃至化工诸多层面考察，这样的进化，更像是一种退化。

怀念那碗4000多年前的面，它的制作原料始终都在围绕米在做文章。

从终点似乎又回到起点：地不分南北，人不论老少，中国人吃面的基因是很强大的，南粥北面的地域论，从今可以休矣。

菊的进化史

"季秋之月，鞠有黄华。"

《礼记·月令》中的这个记载，可能是我国文献中，较早记录菊花的文献之一。由此可以推断，菊花的栽培养殖历史，在我国至少已经有3000多年了。

元人陈澔注解说：鞠（通菊）色不一，而专言黄者，秋令在金，金自有五色，而黄为贵，故鞠色以黄为正也。又可见至少在孔子或者孔子弟子整理《礼记》的时候，赏菊以黄为贵，已成风尚。

由于文献资料的欠缺，今天我们要通过文字去观察春秋前后时期富贵之家是否有逢秋赏菊的盛况已经很难了。但风尚的形成，历来和文化的繁荣相系。宋明两朝，文人阶层的壮大和闲逸文化的发展，使赏菊之为一时风尚，记入了官方的正史和文人的笔记。"四君子"之谓，始于明人黄凤池在《梅兰竹菊四谱》中的记录。菊虽列其四，但三君子之下，管领群芳，足够殊荣，也名副其实。五代后蜀西昌令张翊在他的《花经》中提出了花的

"九品九命"，将菊与兰、牡丹、梅、蜡梅、水仙、滇茶（茶花）、瑞香、昌阳列为一品九命，可见菊的品级之高，甚至超出了竹。

菊的原初价值，在于其药用。作为我国最早的中药学著作，秦和西汉时期陆续整理、东汉时期成书的《神农本草经》，对"鞠华"的价值记述如下："味苦平。主风，头眩肿痛，目欲脱，泪出，皮肤死肌，恶风湿痹。久服，利血气，轻身，耐老延年。一名节华，生川泽及田野。名医曰：正月采根，三月采叶，五月采茎，九月采花，十一月采实，皆阴干。"此皆为首究其药用价值的依据。

但在非常小众的文人圈层里，菊的观赏价值，在它出现时即已形成。屈原在《离骚》中这样写："春兰兮秋菊，长无绝兮终古。""朝饮木兰之坠露兮，夕餐秋菊之落英。"不仅流露了屈原的爱菊赏菊之情，而且也把菊花的价值增加了两个层次：一是祭祀，二是饮食。所以，到了屈原这个时代，关于菊花的价值进化，我们似乎可以这样总结：观赏其上，祭祀次之，食用再次。至于药用，那不是屈原此等文人考虑的事情了。

屈原之后，将菊花的观赏价值提升到一个文化符号的，是陶渊明。观察他所处的这个历史时期，正是文人阶层的壮大和闲逸文化发展的一个代表时期，以"竹林七贤"为代表的文人士大夫，将"竹"的气节文化提升到了历史最高峰，而以陶渊明为代表的失意文人，则将"菊"的隐逸高洁文化树立为传诸后世的一个符号。

在陶渊明的诗文中，菊花成了出现频率最高的花卉。在《饮酒》中，他写道："采菊东篱下，悠然见南山。"此后，东篱遂成菊之别称，而此种"悠然意绪"，一开赏菊新面，传颂千秋。在《九日闲居》中，他写道："余闲居爱重九之名，秋菊盈园，持胶靡由，空服九华。"又说："酒能祛百虑，菊为制颓龄。赏菊佐以饮酒，风尚由斯也。"在《归去来兮辞》中，他写道："三径就荒，松菊犹存。"又给菊花前置了一个更高洁的文化符号。陶的人格和菊花，在这诸多诗文中已经融合为一了。陶是菊，菊亦是陶，诗人自况，其实也是菊花花品在人世的寄托和再造。无疑，菊花之遇陶，与陶之寄菊花，成了中华传统文化中的一个典型的双赢双美之例。

陶渊明之后，菊花的观赏价值遂为最高，药食之用，在诗文中已经少有人提及。而对其花品的歌咏，也很少超出屈原和陶渊明所称道的范围——即使是杜甫这样的诗圣。杜甫的《云安九日》："寒花开已尽，菊蕊独盈枝。旧摘人频异，轻香酒暂随。"说的还是陶渊明的意绪：饮酒赏菊。

然而，此中也有破局者。唐朝造反头子黄巢写菊花，写出了"霸气"，值得在菊花的进化史中留下一笔。此君传世有两首咏菊诗，其一名为《题不第诗》："飒飒西风满院栽，蕊寒香冷蝶难来。他年我若为青帝，报与桃花一处开。"菊花和桃花一处开，颇有武则天命牡丹的气势，好在他造反没成功，不然，谁知道他会干出什么蹂躏菊花的事情来？而真正显出"霸气"的，是他另一首《题菊花》，今天人们已经耳熟能详："待到秋来九月八，我花开后百花杀。冲天香阵透长安，满城尽带黄金甲。"诗品不高，但气象宏大。菊花的避世、高洁，在他笔下，变成了"欺行霸市"的俗物。屈、陶地下闻之，必当攘臂而干上一架才解恨。

宋词的婉约，为词人借花抒情大开了方便之门。苏轼写《赵昌寒菊》，标明以金黄为上："轻肌弱骨散幽葩，更将金蕊泛流霞。欲知却老延龄药，百草摧时始起花。"梅尧臣写《残菊》，颇有潇湘妃子"孤标傲世偕谁隐，一样花开为底迟"的情怀："零落黄金蕊，虽枯不改香。深丛隐孤芳，犹得车清觞。"朱淑真这样的婉约大家写菊花，实也未能翻出多大的境界："土花能白又能红，晚节犹能爱此工。宁可抱香枝头老，不随黄叶舞秋风。"其警策一句似都从陆游的《枯菊》"空余残蕊抱枝干"一句中化出。

如前所述，有文字记载的赏菊风尚，多在宋明两朝，盖因于这两个时代闲逸文风的兴旺。《东京梦华录》"重阳"条对北宋晚期都城逢秋赏菊的风尚记之靡细：

九月重阳，都下赏菊有数种。其黄白色蕊若莲房曰"万龄菊"，粉红色曰"桃花菊"，白而檀心曰"木香菊"，黄色而圆者曰"金铃菊"，纯白而大者曰"喜容菊"，无处无之。酒家皆以菊花缚成洞户。都人多出郊外登高，如仓王庙、四里桥、愁台、梁王城、砚台、毛驼冈、独乐冈等处宴聚。前一二日，各以粉面蒸糕遗送，上插剪彩小旗，掺饤果实，如石榴子、栗子黄、银杏、松子肉之类。又以粉作狮子蛮王之状，置于糕上，谓之"狮蛮"。诸禅寺各有斋会，惟开宝寺、仁王寺有狮子会。诸僧皆坐狮子上，作法事讲说，游人最盛。下旬即卖冥衣靴鞋席帽衣段，以十月朔日烧戏故也。

这段文字让我们看到北宋时期重九日赏菊的风尚之盛。商户酒家为迎合赏菊之需，在酒家的入门处，用菊花扎成了门洞。这种氛围，和今天城市公园的菊花展几无二致。此外，我们也从中看到，宋时菊花品种的繁殖培育，已经很丰富了。宋人刘蒙泉的《菊谱》，记载菊花品种即达 163 种，明代王象晋所著的《群芳谱》，则将这一数据扩充到了 270 多种，这应该是截至那个时代，菊花种植培育的全盛期。

明朝文人的赏菊风尚，较之宋时，有过之而无不及，而尤以江南之膏腴地为盛。文震亨在《长物志》"花木卷"中，单列一条，以记吴中当时赏菊之风：

吴中菊盛时，好事家必取数百本，五色相间，高下次列，以供赏玩，此以夸富贵容则可。若真能赏花者，必觅异种，用古盆盎植一枝两枝，茎挺而秀，叶密而肥，至花发时，置几榻间，坐卧把玩，乃为得花之性情。甘菊惟荡口有一种，枝曲如偃盖，花密如铺锦者，最奇，余仅可收花以供服食，野菊宜着篱落间。菊有六要二防之法：谓胎养、土宜、扶植、雨旸、修葺、灌溉、防虫，及雀作窠时，必来摘叶，此皆园丁所宜知，又非吾辈事也。至如瓦料盆及合两瓦为盆者，不如无花为愈矣。

　　文震亨将赏菊之人分为附庸风雅的好事者和得花之性情的真能赏菊者，并提到了种养菊花的"六要"与"二防"，和对修剪劳作的不屑，其津津乐道者，全在文人的坐卧赏玩，渠自身作为性情文人的优越感表露无遗。

　　明诗人中写菊堪记者，在沈周与唐伯虎师徒二人：沈周的《菊》，还是承续了陶令的余绪："秋满篱根始见花，却从冷淡遇繁华。西风门径含香在，除却陶家到我家。"倒是唐伯虎的《菊花》，由己及人，意境开阔："故园三径吐幽丛，一夜玄霜坠碧空。多少天涯未归客，尽借篱落看秋风。"

　　和所有物种一样，菊花从药用植种开始，就有了漂洋过海的出国历史。大约在公元386年前后，菊花就经由朝鲜传到了日本。明晚期，经由荷兰商人带种，欧洲大陆开始了种植菊花的历史。而英美的广泛种植，则在19世纪以后。菊花的漂洋过海，其出自于中国传统文化濡养的花品花性，并没有完全一同移植。菊在日本，成为皇室的家徽，更象征着日本温和尚礼的国民精神特质，其和"刀"的野蛮残忍对立，让菊花在日本蒙上了一层冷酷而忧郁的血腥之气。

　　或因于屈原在《楚辞》中的祭祀之用，菊花在欧洲并不受人待见。菊花在欧洲专门用于丧葬，而菊花的种植，也多在墓地，而非公园、庭院之所，欧洲人也绝少赏菊。在拉丁美洲，菊花更有"妖花"之称，这个文化指认，和中国这个视菊为"高洁"精神象征的文化源头，已经相去甚远了。

唐诗中的早朝景象

　　皎洁明星高，苍茫远天曙。槐雾暗不开，城鸦鸣稍去。始闻高阁声，莫辨更衣处。银烛已成行，金门俨骖驭。

　　柳暗百花明，春深五凤城。城乌睥睨晓，宫井辘轳声。方朔金门侍，班姬玉辇迎。仍闻遣方士，东海访蓬瀛。

　　这两首《早朝》诗，在王维诗作年谱中，被专家编入"未编年"，也就是不知哪一年写的。如果将它们和王维在天宝初年所作的《春日直门下省早朝》合并来看，唐朝的早朝制度便非常清晰地呈现在面前：

　　骑省直明光，鸡鸣谒建章。遥闻侍中佩，暗识令君香。玉漏随铜史，天书拜夕郎。旌旗映阊阖，歌吹满昭阳。官舍梅初紫，宫门柳欲黄。愿将迟日意，同与圣恩长。

这首诗作于天宝元年（公元742年），其时，王维42岁，为门下省左补阙，掌供奉讽谏，观察唐朝早期的早朝景象，是这首诗主要的历史文献价值。

1　五鼓上朝

据《唐六典》卷四《礼部》所记，唐前期实行常参制，即每日朝参，简而言之，便是"早朝"。"凡京司文武职事九品以上，每朔、望朝参；五品以上及供奉官、员外郎、监察御史、太常博士，每日朝参。"按照这一政治制度安排，五品以上的在京官员，参加早朝，人数较朔望朝参少而品级高。

作为早朝之外的朔望朝参，其举行时间明确规定为每月的初一和十五，有标准的仪轨。到了朝参日，人明宫上设黼扆、蹑席、熏炉、香案，依时刻陈列仪仗，"御史大夫领属官至殿西庑，从官朱衣传呼，促百官就班"。在监察御史的带领下，群官按品级于大殿就位后，皇帝才登御座，群官在典仪唱赞下行再拜之礼。

还有一种更为盛大和隆重的朝参制，便是元日和冬至日举行的大朝会，在京九品以上的官员皆要参加。

作为在京官员最重要的政事活动，王维在三十多年的为官经历中，除外放任济州司仓参军和岭南知南选的几年以外，大多数时间都为京官，亲身参与并见证了无数次早朝和朔望朝参。这两首《早朝》诗，即是他参加早朝的见证。从诗中，我们可以看到，无论是"皎洁明星高"，还是"莫辨更衣处"，都极言其"早朝"之"早"和辛苦，而王维听到的"高阁声"，正是大明宫内闹的"铜人"召唤群臣上朝的钟声。"玉漏随铜史，天书拜夕郎"一句，便是"高阁声"的详细说明。

那么，群臣们究竟是几点出发，准备上"早朝"的呢？据唐《明皇杂录》记载："五鼓初起，烈火满门，将欲趋朝，轩盖如市。"五鼓，相当于五更，指凌晨3点至5点。钟声一响，散居在长安各处的各品级官员便起床更衣，仆人准备轿马，赶往皇宫。"遥闻侍中佩，暗识令君香"，不管是贵为宰相的门下省最高长官，还是有资格参加早朝的其他官员，都要闻鼓而起，参加早朝，和皇帝一起议政。

车马载道，冠盖京华，这样的景象成为今大我们管窥唐代早朝制度背后百官和市井生态的最好窗口。从唐长安城平面图可以看出，全城约有108个街坊，品级最低的九品官员或收入不高的低级官员，或许只能住在离禁苑最远的安德坊或通济坊，他们从启夏门出发，穿越9个街坊才能进入朱雀门，因此，他们凌晨三四点就必须起床，否则会因迟到而被处罚甚至丢乌纱帽。还有一些年轻的低品级官员，根本无财力购置私宅，因此，在官署以值班的名义，有一个住处，也不失为一种权宜之计。

据有关资料统计，在长安的各级官署里，共有内官2600多人，分为常参官和非常参官。常参官就是每天必须面见皇帝的职事官，人数近千人。王维这首《春日直门下省早朝》诗，即作于门下省的值班官署。

另一位唐代诗人张籍的"早朝"诗,除了极言上早朝的辛苦,还别具生趣,也算苦中有乐:"鼓声初动未闻鸡,羸马街中踏冻泥。烛暗有时冲石柱,雪深无处认沙堤。常参班里人犹少,待漏房前月欲西。凤阙星郎离去远,阁门开日入还齐。"羸弱的马匹在昏暗的烛光下,有时冲上了街坊的石柱,冬天下雪,赶赴早朝的路上,因为光线不明,人与马都认不清沙堤。

2 殒命早朝路

比起大唐宰相武元衡来,那些凌晨起床,穿越9个街坊,到大明宫点卯上班的低品级官员实在要幸运得多。他们虽辛苦,但还不至于为赶早朝而丧命。

因力主清剿淮西割据势力,武元衡受到与淮西勾结的成德节度使王承宗、淄青节度使李师道的忌恨。二人密谋刺杀武元衡,而他们选择下手的地点,就是武元衡早朝必经之路——安靖坊,时间正是早朝前的凌晨5时许。

元和十年(公元815年)六月初三,闻晨鼓而出发赶早朝的武元衡,在路经安靖坊东门时,被刺客射灭灯笼而后遇刺身亡,和他一起上朝的副相裴度也受伤。

可能是对自己被刺的命运有所预感,六月初三前夜,武元衡作了一首很具有诗谶意味的诗,叫作《夏夜作》:"夜久喧暂息,池台惟月明。无因驻清景,日出事还生。"冥冥之中,武元衡似有预感而又无能为力去改变未卜之事的发生。

武元衡遇刺案被列为唐朝十大奇案之一，虽然后来宪宗缉拿并杀了 5 名刺客，但宪宗削藩之战的得力助手武元衡却再难复生了。在宪宗心上，武元衡这个武氏后人是可以信赖和倚重的。或许，武元衡的遇刺，某种程度上也加剧了他要削藩的信念和决心。此后，他的强硬武力削藩，结束了自代宗广德以来 60 多年藩镇割据的状况，很好地打击了藩镇势力，使得全国至少在名义上取得了统一，李唐王朝得以继续余下 100 多年的统治。从这个意义上来讲，武元衡也算"死得其所"了。

这起震惊帝国的早朝遇刺案，对文武百官们的影响是很大的，百官们的"早朝"路也一度充满血腥。唐玄宗后期，李隆基怠于政事，沉湎酒色，早朝制度便无疾而亡。白居易在《长恨歌》中发出"从此君王不早朝"的感叹，与其说是对早朝景象不再的感叹，不如说是对一个勤于政事的政治体制以及帝王统御下的百官荒怠的叹息。

3　颂圣与讽谏

不独王维的诗中详尽写到"早朝"的景象，整个唐朝，以"早朝"为题的诗举不胜举。如冯延巳《早朝》诗："铜壶滴漏初昼，高阁鸡鸣半空"；虞世南《凌晨早朝》诗："万瓦宵光曙，重檐夕雾收"；戴叔伦《春日早朝应制》："月沈宫漏静，雨湿禁花寒"；白居易《早朝》诗："鼓动出新昌，鸡鸣赴建章"；贾至《早朝大明宫》："银烛朝天紫陌长，禁城春色晓苍苍"等，皆抒发与王维《早朝》诗同等的意绪。

这类"早朝"诗无一例外地充满了诗人们对帝王勤政的歌颂，渲染的是仪仗之繁、卫护之严、百官之众和朝会气象的肃穆而又热闹，境界说不上多高，在一片类同的颂圣声中，王维《早朝》二首中还略有讽议，如"仍闻遣方士，东海访蓬瀛"一句，明代文学家胡震亨认为其"明以秦皇、汉武讥其君也"，对玄宗好长生之道遣方士访蓬瀛颇有微词。这大概是王维青壮年时期凭着一腔血气使然。在这一系列充满浓郁的颂圣色彩的"早朝"诗中，尽管王维也未能免俗，但这句微词，还是让他的"早朝"诗，充满了积极意义。

对于大部分官员来说，早朝（包括冲风冒雪的隆冬和酷暑的炎夏），都是抱着神圣、肃穆的心情去参与的，因为这是"六龙扶御日，只许近臣看"的荣耀，也是参与朝政、显示个人价值的机会。但白居易在《早朝思退居》中，却流露了些许反常的情绪：

霜严月苦欲明天，忽忆闲居思浩然。自向寒灯夜半起，何日暖被日高眠？唯惭老病披朝服，莫虑饥寒计俸钱。随有随无且归去，拟求丰足是何年？

"霜严月苦"、"寒灯夜半"、赶赴早朝，何如闲居时"暖被日高眠"安逸舒适？这个境况特别像我们今天很多早起上班族：不想早起，又不得不早起！白居易写这首诗时已进暮年，官职已高、俸禄已厚，功业之心渐渐消退。早年的白居易有一首《常乐里闲居偶题》的诗："帝都名利场，鸡鸣无安居。独有懒慢者，日高头未梳。工拙性不同，进退亦遂殊。幸逢太平代，天子好文儒。小才虽大用，典校在秘书。三旬两入省，因得养顽疏。茅屋四五间，一马二仆夫。俸钱万六千，月给亦有余。既无衣食牵，亦少人事拘。遂使少年心，日日常晏如……"字面上看，二诗表达的情绪似乎相同，实则大相径庭。《常乐里闲居偶题》作于贞元十九年（公元803年），32岁的白居易担任秘书省校书郎之职。校书郎为九品，为非常参官，故可以"三旬两入省"，不必日日早朝。诗中表面上安于现状，实则满腹牢骚，"小才虽大用，典校在秘书""遂使少年心，日日常晏如"等都是反话正说的牢骚话。隆冬季节上早朝，对于低品级的官员来说，是很苦的。

　　如果一定要给唐诗更明晰地分类，"朝会"诗完全可以单列一类。因为很多诗人，其实也是官员。"早朝"诗作为"朝会"诗更垂直的一个细分，是今天观察唐朝早期常参制度的最好以及最完备的历史资料，也是观察唐代早期长安城108坊和皇宫内苑日常景象的最好参考。"五鼓初起，将欲趋朝。"今天，我们通过唐诗来观察唐朝早期的常参制，其最大的现实意义或许正在于让今天的为政者，学习其上下一体的勤政之风。

十五岁现象：以李白、杜甫和王维为参照

1

玉蟾离海上，白露湿花时。云畔风声爪，沙头水浸眉。乐哉
弦管客，熬杀战征儿。因绝西园赏，临风一咏诗。

这首《初月》，在《李白全集编年笺注》中，列为第一首。
它和后面的《雨后望月》《对雨》《晓晴》《望夫石》诸诗，大约
都作于开元三年（公元715年）前后。其时，李白15岁。

这首天才诗人可记录的最早诗作，充满了对天道自然的无限
热爱和无尽想象，这倒暗合诗人以后大半生的志向和行事。但少
年人血气方炽，不会仅安乐于对极目所见物态的想象和摹写。抒
写时事之感，应是诗人隐含在即景之句中真实的本意。"月"作
为诗人早期诗作中出现最多的物象，一次又一次触发了少年李白
的起兴和寄托。

　　台湾作家张大春写《大唐李白》，第一卷即对此有开释，少年李白对"月"的热衷寄托，原来是因于对师者赵蕤夫人月娘的喜欢。这个想象自然也是极大胆的，但也并非完全凿空。毕竟在少年诗人极狭窄的交往空间里，月娘这个风致与情怀兼具的熟女的吸引，确乎然是很强烈的——假如这个人真的存在于和少年诗人同一生活的时空。

　　在这首五言律中，"愁杀战征儿"这一句之来，在一派霁月风光的描写中，初看是突兀的，细品则在其然。考开元三年时事，玄宗拜姚崇为相，以天下事委之，是以姚崇有救时宰相之名；突厥十姓来降；山东大蝗，姚崇力杀之。这些似都不合"愁杀战征儿"的诗意，又因远在朝中，难以及时为蜀中知晓。倒是西南夷犯边一事，既可能被李白所听闻，也最易激起诗人的少年血性。右骁卫将军李玄道受命领戎、泸、爨、巴等州守军征讨。这些区域之征兵，大半属剑南道节制。以李白当时所居之剑南道绵州昌隆县（因避玄宗李隆基讳，后改昌明，今为江油县），这个大事件应是"愁杀战征儿"的本意。

　　十五岁的少年李白，身形虽拘牵于大匡山中，但心却远走关山之外，从这首诗即可看出端倪。"虽颇体弱，然短羽绮襜，已有凤雏态。"少年李白的貌相应是雅致疏淡的，但内心里，却藏着快刀走马的风雷急电，彼时，李白人命官司在身，结客、任侠、豪纵，随身带着短刀，这些性格以及行事特征，其实和今天十五岁少年混子们结帮派、打群架并无二致。李白在当时之所为，似乎更出格一些。

然而，"问题少年"最终成长为帝国第一诗人，这些少年行事，反成了诗人的逸事被传颂。完成这样一个重大人生救赎的，恰是这个诗的国度浓郁的诗教传统，以及庞大的诗人社会，对李白精神深处的刺激，或者说鞭策。

这首编年记录中的"处女作"，无论从壮景、抒情、议事，还是结构、格律、想象等诸多层面考察，已经宕开了诗人的大境界和大格局。很快，这个远离长安的少年，便将开始他进入帝国第一诗人的漫漫征途，一篇又一篇佳构，会将这首"处女作"远远甩在后面。

？

往者十四五，出游翰墨场。斯文崔魏徒，以我似班扬。七龄思即壮，开口咏凤凰。九龄书大字，有作成一囊。

杜甫第一首诗，在研究杜甫的学者之间历来存在很多争议。从杜甫编年来考，一说为《登兖州城楼》，一说为《夜宴左氏庄》（学者洪业持此说），一说为《望岳》。三诗皆为五言律。

但考究真正意义上的第一首诗，似无太大意义。

上捻杜甫《壮游》诗中四句，以申本文之大义。

这首五言长律，作于杜甫壮年时期，在公元 766 年前后，其时，老杜已经五十四岁。在回顾自己一生的"壮游"时，老杜不无自豪地回忆起自己十四五岁初入翰墨场时的荣光。

这个时间，正是李白写下《初月》后的十年，即开元十三年（公元725年）。注意看一下年龄：杜甫的自述，是"往者十四五"，说的正是十四五岁那两年。考杜甫年谱，这一年，杜甫实为十五岁。

和李白一样的年岁。

和李白一样阔大的胸襟和气度。

诗中写自己跟随崔魏二人学写诗文。崔是崔尚，为武则天久视二年（公元701年）进士。而魏，是魏启心，中宗神龙三年（公元707年）才膺管乐科及第。在这样一个诗的国度，有着良好诗教传统的帝国，对少年杜甫的影响是深远的。这些凭借过硬诗文功夫的大家，乐得不分地位阶层，汲汲培养和引荐年轻的后辈英才。

天才的自信在后一句：以我似班扬。班扬是班固和扬雄的合称。这个像班扬的褒奖，当出自崔魏或是时人大家长辈之口。虽然不免过誉，但以诗人一生成就来看，却也并不过分。

然而这还不是最值得诗人骄傲的："七龄思即壮，开口咏凤凰。"这首咏凤凰的诗，可惜没能传下来，不然，杜甫真正意义上的第一首诗，便是这首《咏凤凰》了。

和李白的人生路径几乎一样，杜甫于十九岁开始了人生壮游。自晋、吴越、齐赵，然后至东都，开始了进入帝国诗坛峰顶的旅途。终于在某一天，两位伟大的诗人相遇于东都洛阳。

3

古墓成苍岭，幽宫像紫台。星辰七曜隔，河汉九泉开。有海人宁渡，无春雁不回。更闻松韵切，疑是大夫哀。

这首王维的《过始皇墓》，作于开元三年（公元715年）。那一年，李白写了《初月》，杜甫忙着在翰墨场和崔魏等前辈诗人们学习、应酬。

王维编年诗，列此诗为第一首，因此，也不妨将此诗看作是王维的"处女作"。

在这个开元盛世最初的岁月里，李杜和王维，成长在各自不同的十五岁。这首《过始皇墓》，第一个读者是少年王维第一个诗坛好友綦毋潜。后者对这首诗有很高的评价：对仗工稳、用典贴切、想象新奇、格律严整，这当然是这个盛世诗潮给予王维最好的诗教所致。

同样的五言律。

同样的十五岁。

但这个各自不同的十五岁，却又有着太多的相同。

这个时候，王维和其弟王缙一起，跟随李、吴二位先生学音律和书画。王维的爷爷王胄曾任帝国的协律郎，掌管调正各种音乐律吕，并培养了一大批弟子。李先生即是其中之一。所以，王维之通音律，一方面是家学渊源；另一方面，也和李先生早期栽培不无关系。当然，他虔心礼佛的母亲崔夫人，对王维一生向佛的影响也是巨大的。

而吴先生的书画教育，对本就禀赋很高的王维来说，则无异于如虎添翼。只可惜，两位老师，皆未能在历史上留下全名。

这首《过始皇墓》，可略窥王维的"诗画"之轨迹。无论是"古墓""紫台"，还是"星辰""河汉"，这样的意境都充满了静寂的禅意，其诗才和诗思，完全可以和李白的《初月》合观而论。格律严谨工整姑不论，即以"景中有情，情中有论"这点来看，二诗机杼相通。诗人的情与论，皆落在"疑是大夫哀"一句。

清人叶娇然说：同题始皇陵诗，王维"星辰七曜隔，河汉九泉开"，许浑"一种青山秋草里，路人唯拜孝文陵"，元好问"无端一片云亭石，杀尽苍生有底功"。侈语、冷语、谩骂语，各有其妙。明人顾可久则一言以蔽之：讽其穷奢糜烂不露。

然而，我却从这首诗里，读出了天才诗人宿命的悲哀。王维此后一生事佛，短暂婚姻并在夫人去世后未再续娶，在庙堂之高和江湖之远的矛盾中，虽然也写下了"明月松间照，清泉石上流"这样恬然空明的句子，但仍有掩饰不了的痛苦深藏其中。

十五岁的王维，在这首诗中，寄托了非常深厚的批判现实的情感。如果不是后来莫名其妙地被贵主"包养"改变人生轨迹，他后来的诗歌主旨，也许会和杜甫一样更多地倾注现实，而不会陶醉于诗酒田园。当然，他对五言律，尤其是田园诗的跨时代光大，从这首"处女作"也不难看出痕迹。"开元十五年后，声律风骨始备矣。"在开元十五年前，李杜和王维这样的大诗人的率先垂范，对唐诗律的完备，不可不谓"功莫大焉"。

李杜冠亚之下，谁可季随？清人贺裳说："唐无李杜，摩诘便应首推。"陈铁民先生在编撰《王维集校注》时也说："就诗歌的艺术成就而言，这样的评价并不过分。"

因此，我们似也可这样推断：唐有李杜，摩诘季随。将王维列为唐诗人中的第三，相信很多人会认同。

4

唐敬宗宝历二年（公元 826 年），李杜王维皆已故去多年。唐朝历史上又一位伟大诗人横空而出，他就是李商隐。这一年，他写下了《富平少侯》这首"处女"作：

七国三边未到忧，十三身袭富平侯。不收金弹抛林外，却惜银床在井头。彩树转灯珠错落，绣檀回枕玉雕锼。当关不报侵晨客，新得佳人字莫愁。

这一年，李商隐十五岁，从同宗的叔叔李处士学写诗文。
诗人隐晦而深刻的讽意，一如摩诘的《过始皇墓》。

从五律而至七律。唐诗律至李商隐时，已达到艺术和技术上的顶峰。

很快，李商隐也将踵武其后，开始他的少年壮游。

5

写到这里，这篇文章的主旨已经很明显了：

无论写诗还是背诗，请重视孩子们的十五岁。

不要对按部就班地在学校里上课那么重视，一定要让孩子们在少年时多出去走走。世界那么大，远方和诗歌是在一起并相互作用的。

李白有赵蕤为师，杜甫有崔尚为师，王维有李吴二位先生为师，李商隐以李处士为师。拜一个老师是很重要的，即便你是天才。

综此三者，培养一个像武亦姝那么能背、比武亦姝还能写的才子才女，在诗教传统渐兴的今天，并不是什么难事。

中年味道：以杜甫和苏轼为参照

公元 759 年，杜甫辞去华州司功参军的小官，开始了后半生漂泊流浪的生活。那时候，成都或许还不是他最终的目的地。在投靠成纪（今甘肃天水）的亲戚无靠、短暂落脚同谷县（今甘肃陇南成县）后，次年 12 月，杜甫经木皮岭、白沙渡、飞仙阁、石柜阁、桔柏渡、剑门、鹿头山，于岁终至成都，寓居在浣花溪寺。

短暂安顿后，在表弟王十五、好友高适（时任蜀州刺史）的帮助下，公元 761 年初春，杜甫开始了成都造房大业，准备在此长居。草堂于春季落成，前后建造时间几乎贯穿了这年的整个春天。由此可以推断，当时的建造规模，绝非今天的一间草房那么简单。

草堂建起之后，诗人的生活是悠游而惬意的。善画鞍马的丹青圣手韦偃其时刚好寓居蜀中，诗人画家之间，自然有文艺上的唱酬，韦偃为新落成的草堂画了几幅画，以补草堂素壁。初秋的时候，杜甫和友人相邀游新津，拜访诗人裴迪，随后又到蜀州（今崇州）拜访高适，相互之间都有诗文题赠。

然而，天有不测风云。对于寄寓成都、没有生活来源的杜甫来说，这样的悠游岁月只是徒有其表，亲友的接济必不长久。内心里，杜甫是很忧虑的，深秋的一场大风雨，加重了他的这种忧虑。这场大风雨，直接导致草堂屋破雨漏，有感于自身命运中经历的中年困踬和战乱以来的万方多难，他写下了《茅屋为秋风所破歌》这一千古名篇。

是时，杜甫四十八岁，已人到中年（从他的生命长度来看，这个时候的杜甫，其实更接近于暮年）。诗中所流露出的焦虑、无奈、痛苦和期冀，正是处于颠沛流离中的诗人所共有的中年况味。

无独有偶，321 年之后的公元 1082 年，贬任黄州团练副使的苏轼，在"小屋如渔舟，蒙蒙水云里"的凄凉境遇下，写成了《黄州寒食二首》，翌年书就，成就"天下第三行书"。是年，苏轼 46 岁，和杜甫写作《茅屋为秋风所破歌》的年龄段，庶几近之。《寒食二首》和《茅屋为秋风所破歌》合而观之，其共同之处，恰在于以两位大家的悲凉之笔，前后呼应，写出了诗人们共有的中年况味，以及这况味之后深沉的众生之念。

从个体见众生：人性和诗性的升华

《茅屋为秋风所破歌》和《寒食二首》，都有对中年经历的现实描写。杜诗中，"布衾多年冷似铁，娇儿恶卧踏里裂。床头屋漏无干处，雨脚如麻未断绝。自经丧乱少睡眠，长夜沾湿何由彻？"一段，读来辛酸。苏诗中，"春江欲入户，雨势来不已。小屋如渔舟，蒙蒙水云里。空庖煮寒菜，破灶烧湿苇。那知是寒食，但见乌衔纸"数句，也让人为之恻恻。中年经历此遇，不免让人心灰，但是，诗人共同的表现是：没有惊惧和自哀，而是从个体的境遇中，升华到对更广泛的苦难人群的倾注。

论杜诗，历来多赏其"安得广厦千万间，大庇天下寒士俱欢颜，吾庐独破受冻死亦足"的升华。诗中不独个人之悲，更有见众生的大情怀。杜甫的"人民之呼"确实很明显，这也是他身后广受人们拥戴的一个主要原因。

苏诗亦复如此——尽管它的众生之念并不明显而浓厚，"君门深九重，坟墓在万里"的感叹，恰是他人性和诗性中深刻的人民性的写照。对于一个一心希望通过自身努力报效国家和人民的诗人来说，"君门深九重"的感叹，与其说是苏轼对自己投报无门的怨念，不如说是苏轼对自己无法为人民做实事的怅惘。

从春天到秋天：伤者与悲者的通达

女子伤春，男子悲秋。

从这个古代文学意象来观察杜诗和苏诗，他们无论身处春天还是秋天，他们的中年况味、他们在自身遭遇中的体验、他们在遭遇之后的情感升华，其实是相互通达的。

"八月秋高风怒号"，点明杜诗中的季节特征，正是深秋。"悲哉，秋之为气也。"宋玉之悲作为浓郁得化不开的文学情结，似乎并不是作者的悲之所由，而是紧接着的"卷我屋上三重茅"。秋风作恶，诗人其实是无暇去感受作为一种气存在的秋天，而是作为破坏力的一种存在的秋天。这种破坏力，加重了诗人悲的情绪。

苏轼明明身处暮春，感受到的，却是和杜甫一样的秋天。悲凉之况味，弥漫黄州。这回作恶的，不是秋风，而是春雨。"今年又苦雨，两月秋萧瑟"：今年的春雨绵绵不绝，接连两个月如同秋天萧瑟的春寒，天气令人郁闷。愁卧其中的诗人眼里心上，哪里看到春天的明媚鲜艳，只有秋天的萧瑟凋零。隔了321年的时空，两个诗人的灵魂，得以相互通达。春实为秋，秋者更秋。

这样文学意象上的通达，其实质是一种中年况味的通达——如果一定要把秋天比作人生的中年的话，他们在公元761年的秋天和公元1082年的春天，用相同的中年况味，完成了一次时空上的穿越和精神上的串门，感同身受之余，是不尽的惺惺相惜。

从实写到虚写：儒者和道者的感悟

自然灾害之外，还有人为的破坏与超自然力量的影响。

杜诗中，"趁火打劫"的"南村群童"，公然"抱茅入竹"。面对此境，杜甫的心态是"叹息"。在这里，"南村群童"既是实指参与抱茅的这些可怜的儿童，也是泛指受战乱影响而流离失所的贫民。通过诗人的叹息，我们对"南村群童"的行为，已经没有愤慨和指责，反是满满的同情，这正是诗人"倚仗叹息"的绝妙之处。这一声叹息，流露出了诗人仁厚宽容的儒者品性。

苏诗中，"趁火打劫"的，却似乎是一种超自然的力量。很显然，加重诗人忧患和感伤的，已从"南村群童"变为"暗中偷负"的力量。如果说，杜诗表达的是"同情和宽容"的儒家况味的话，那么，苏诗表达的则是"时不我待"的道家况味。

"暗中偷负去，夜半真有力"一句，典出《庄子·大宗师》：藏舟于壑，藏山于泽，谓之固矣，然夜半有力者负之而走，昧者不知也。意思是，把船藏在山谷沟壑里，把小山藏在湖泽中，好像比较稳固。可是夜半忽然发现船不见了，小山也不见了，因为有个大力士把船和山给背走了，那就是潮水。庄子的意思是说，把东西带走的是时间，没有一个东西比时间更厉害，它会把所有的东西偷走，这也是苏轼用典的意义所在。"夜半真有力"，越是在夜半睡眠中，越是不觉察的时候，时间的消逝越快。时间如此逝去，强劲有力，吞没一切存在。

　　杜诗近儒，苏诗近道。无论是儒者还是道者，人到中年，他们在某个时间节点、某个特定遭遇和环境下的感悟，不仅丰富了各自的人生体验，也给后世读者提供了足够营养的精神滋润。这正是两诗作为伟大作品的又一共通之处。

第二编

现实对视

最后的古井

1

该怎么给你们言说我见到的这一幅景象呢？

记得小学四年级的时候，我在一篇作文里用了"焕然一新"这个成语，被吴老师表扬了。我现在告诉你们，我看到的景象，就是这样的，这个成语用在这里太合适不过了。

可是你们该知道，我不是要赞美，而是失落、难过，还有伤心，那是一个四十多岁的中年男人比号啕大哭还严重的内伤。

水田没有了，沟渠没有了，连那些杂生在田地间的一棵棵熟悉的树木也没有了。阡陌纵横的景象被工业化的果行所代替，你没办法分辨哪块地是哪一家的，哪一条路是我们走了很多年的青石板路，而那块养了很多年鱼的水田也难以认出来了。

你看到的，是推土机翻新出来的黄土，和黄土成垄之后新栽的橘苗。

它们和我们没有一点关系。

它们会嘲笑记忆，轻视过往，它们是入侵的异种，力量强大而且理直气壮，连那一眼生命力旺盛的古井都毫无抵抗之力。黄土掩埋过去，大地闭上了它关照我们的最后一只眼睛，世世代代繁衍生息的痕迹由此被抹了个干干净净。

2

你们一定还记得自己第一次挑着木桶去古井汲水的样子。

自以为力大无穷，实则弱不禁风。

楠竹或者斑竹制作的简陋汲水竿子就安静地躺在古井旁。木桶进水前，你们也一定看到了自己在如镜的水面上的样子。是不是睡眼惺忪或者朝气蓬勃那并不重要，赶上初汲的井花水才是一天最好的开端。但这样的探花一照实在迷人，读秒之间即便是意识一闪而过也不忘顾盼端详，谁说只有女子才更耽溺于镜照呢？这天赐的水井镜面用来端正容仪恰是再好不过。

力小的半桶出水，力大的满桶而出，双手牵引竹竿的快慢当然也考验一个人的腕力。据说早些年的相亲，女子和亲属判断男子教养和能力的方法之一就是提桶打水，考评的标准细到水井边的站姿雅俗、木桶入水的准确与偏差、出水的快慢，还有撒漏的多寡。站姿的不雅寓意男人修养不够，而在井栏边横跨水井一向被认为是被禁忌的行为，一旦出现则可判断男人家教的缺失。

相比后面三个标准，很显然第一个标准最受重视，这当然是数百年风教影响所致。就我们幼稚的观察，似乎很难遇到一个在古井边举止不雅的人。即便有那么一两个，也是因为被认定有精神病而获得谅解。

木桶上肩，走过那段青石板路，一定也是你们最深刻的记忆。作为后来人的好处在于，我们可以安然享受祖先创造的这一切。庞姓或者王姓的两大家族在这里世代相守，焉能不出一代人才，成为相术、风水、建筑、文化等综合运用的老师，为古井的选址、挖土、构造，包括石料的开料运输这些无一不需要科学的工匠提供支持。即便没有碑记，没有留下来的文字，他们的名字已经刻入后辈的骨血里，所以，顺着他们的家族功勋，为这一眼古井修筑和维护一段青石板路，成为理所应当。所以，少年的我们，尽可以挑着水，摇曳多姿地走上这条路。

不知道你们是否回转身看过青石板洒下的点滴井水，那也是先辈营造古井、铺设青石板路流下的汗水。一条线，丝丝缕缕，断断续续，是我们生生不息的代际接力：爷爷的肩头，父亲的肩头，我们的肩头。

古井沉默，人生甘美。桃花次第开了，新房子的三月，洒一点井水都是温柔的。

3

记忆里，我们应该经历过至少一次严重干旱和一次大的洪涝灾害。

大旱袭来，沉默的古井开始说话。像衰老的祖母，总能在饥荒之年递过来一块方糖，她说的话是笃定的平静和安持，是处变不惊的从容。岁月历练的智慧，不仅仅见出了远见，更显示了通经舒脉的能力。于是一干旱，便见出了先祖选址的水平。

古井像祖母，总是把自己蓄积的方糖，匀成了平均的很多份，保障每一个孩子都能吃到。有时候，她还向邻近村落的人，伸出爱的双手。络绎而来的临近村民们，或多或少，总是不会空载而归。井栏边的等待，也因此充满了仁义。

想象不出，衰老的祖母，如何能在排队汲水的间隙里，一阵一阵地挤出如奶一般的水来。当河流干涸，雨水停歇，古井通向大地的经络开始活跃。网状的水源如丝线一般古井向汇集，虽然绵柔，但好在不绝。没有人知道这些经络究竟有多少条，但所有人都知道，即便是这一年的大旱，都没有能让古井停止出水。人们对古井的依赖和信任乃至虔诚日益加深，神明的传说渐渐演化成亲情般的厮守。一方水土养育的这一方人明白，比起河流来，古井更能证明水的力量和水的功德。

洪涝对井水的冲击反而形成了一种成全。1980 年夏天的那一场洪水你们还记得吗？洪水漫过龙滩河，漫过当门坝，漫到离河最近的彬哥家屋檐下。古井安然无恙，漫过的洪水留下的渣滓，浮起来的顺水走了，沉下的永沉井底，一次集体的疏淘如同一次神圣的仪式，井底和井沿站满了壮劳力，妇女则搭伴为他们准备上好的饮食，孩子也不免跟着凑热闹，其实也是满足一下油嘴。

疏淘一次的古井，很快有了自我修复的能力，更有净化的力量。当第一家的木桶入井取水时，井水重新恢复了清亮。自然的争斗到了这里，学会了妥协，更学会了成全，它们明白，所有的放肆，一旦和繁衍生息遭遇，就失去了道义的依凭而不得不土崩瓦解。

此时的古井，从慈祥的祖母，变成了威严有力的祖父，它维持着生存的基本纲纪和自然宗法。

不知道你们那一年挑回那两桶井水的时候是怎样的心情。反正我是毫不犹豫地舀了一瓢喝下，因为我知道在当时，没有比这一眼井水更可信赖的饮水之源了。

4

我们都知道，死亡是件无可避免的事。

第一次直面死亡，不是我的至亲，而是宏波的爷爷。据说棺材盖上之前，他被亲人温柔地洁面整容。盆子里的水，一定是古井水无疑。

宏波爷爷喝了一辈子古井水，临走，他被井水洁面，死亡如此神圣庄严，他一定不会感到害怕。井水的气息里，传递了他一生的记忆，顽强而深刻，孟婆汤奈何不了，于是他能够带着这一生的记忆，活在另外一个时空里。

那个时空里，不知道有没有这一眼古井在？

他一定有意识对古井说了声谢谢，虽然没有人能够听见。

但古井听见了，它悲伤却说不出话。从宏波爷爷这里往前推，古井目送了多少人上到了坟地山啊，古井没什么好奉赠，为他们温柔拂面，是它最后的眷顾。

宏波爷爷之后，然后是修哥的父亲、敏爷的父亲……还有让我们心痛的梅的妹妹。她新嫁未久，青春正好。谁都记得她温柔的个性和慢声说话的样子，以及她像鸡妈妈一样照顾小朋友的温柔神情。

她偶尔也会去古井挑水，半桶到满桶，一次或者多次，往来的路上，是她最美的时候，也是古井最美的时候。她走在青石板路上的样子，当然比我们几个臭小子好看得多，或许还有几只蝴蝶或者蜜蜂跟着她，贪她花袄上亮丽的图案和自然的少女体香。你敢说你们没有对她动过哪怕一丁点心思？即便看看她的笑也会沉醉。她去水井打水的时候，你们都那么猴急地跟过去，难道不是为了和她多说几句话，或者多看她几眼？

她的出嫁一定让你们有些意外。更意外的，当然是她很快的告别。我们都没能去送她最后一程。我不知道，她最后一程，有没有被井水洁面。老家那口古井的镜面前，再也照不出她花一般好看的样子了，古井发出了一声深重的叹息，为她的青春新逝，也为它的无能为力。

我还记得大年初二去看羊二婆的样子。她躺在床上，早春透明的阳光正穿过门洞，射进卧室凹凸不平的地面上。她已经很久没下床了，即便看到这样生机勃勃的阳光，她也无能为力。老病缠身让她的身体机能迅速蜕化。这是新房子又一个数着日子的高寿者，古井的恩赐是有限度的，自从自来水安装之后，故去的老人便越来越多。看起来无所不能、调动大地血脉的古井，终于无法抵抗强大的现代机器。古井有什么办法呢？它养了这个村庄多少代人，多少人口，它自己都算不过来。自来水要来和它争论的时候，它尚且说服不了那些喝了它多少年井水的老人。它目送了那么多的死亡，如今，它已经预感，它也快要死亡了。

5

你们一定没有看到那个开推土机的人，他是无知的，或许也是没有感情的。他像那些橘苗一样，是外来者，是和旧房子无关的局外人。

他哪里知道古井对于我们的意义。

大地颤动的时候，你们一定在忙着上班，忙着娱乐，或者忙着谈恋爱，忙着生二胎。这没什么不好意思，城市里的自来水伸手即来，你们没有理由天天想着一个远隔了数百里甚至上千里的那眼老家的水井。

它不是至亲，不是爱人，甚至不是情人，它顶多只是我们人生的一小部分记忆。

当新的记忆覆盖旧的记忆，这眼最后的古井也就失去了和自来水共存的理由。

黄土盖上水井的时候，你们或许还在热火朝天地做爱，或许还在为争夺一个职位钩心斗角，或许，正为了选择喝矿泉水还是奶茶而发愁。

上好的井栏石料被破碎，最后一滴井水被黄土充实之前，古井发出了最后一声叹息，它看见不远处那棵核桃树被斩断，通向自己的最后一块青石板被清走，那上面，留下过无数代人的脚印。

古井最后环视了一眼这个世界。它不明白，那些高寿的老人，为什么都不愿意来送它最后一程；它不明白，井水不犯河水的古话为什么没有用，它完全可以和自来水系统在这里共存，哪怕只是一个象征意义。

井眼上面，奉命栽来了一株橘苗。据说它结出的果实，包蕴着又甜又多的水分，那甜味，超过了井水的一万倍。

6

原谅我，没能为你们拍下"焕然一新"的照片。

不是不能，是不忍，更是不愿意。

古井的位置，现在被注解为第五垄第五行第八苗，你们回去看的时候，就按这个提示，去想象古井下的万古奔流、人事更替、岁月洪荒。

几年之后，那株橘苗会长成很高的样子吗？会结出很多的果实吗？它的果实会很甜吗？关键是，它们会卖很多钱吗？

我不知道，我也不想知道。

我只知道，我们少年时的记忆已经快被抹平了，你们回去再看到的新房子，已经不是原来的新房子了。

那些老人死了，古井也死了。

我只知道，当我们死的那一天，再没有古井水，为我们擦净一生的尘埃。

我只知道，推土机碾压过的农村，再也没有了乡愁，再也没有了故事。

我只知道，在我敲完这篇文章最后一个字的时候，终于忍不住泪流满面。

一枕流溪绕官坟

在隆重的伏天中醒来的车龙镇，尚未退去一宿的濡汗，又被接踵而来的暑热蒸腾。

晨露在枝头是看不见的，暗丛里倒是有，可一碰就消失，像刚刚寻找到的一点历史线头，尚未牵连成线，那线头便断了。

我站在车龙场镇废置了的广播站发射塔下打量龙滩河对面的官坟咀，想象着这里曾经的车水马龙，隐约看到了海市蜃楼的线头，线头的一端，连着我耽于想象的童年。

这是我时隔30多年后，第一次认真地打量官坟咀。石桥卧波，河流蜿蜒，庄舍点缀，青山隐隐，层次清晰的夏季村景之下，是非同一般的地理布局，即便是水平不高的堪舆大师，也能从中依稀看出它市集勃兴的历史脉象。

然而，百年一瞬，传说中的古流溪县治所连昙花一现的证据都难寻索，空留了传之数辈的传说。这些传说中，关于官坟咀的名之得来，是童年想象最丰饶而激越的一部分。

　　我的乡党文东的文字记录里，完善了我小时候从长辈口中听来的关于官坟咀的传说，这使得我这一次打量，有了穿越历史和接近历史的深度：

　　南宋理宗天祐末年（公元 1258 年），元兵南下阆州。守将杨济、蓬州守将张大悦闻风而降。元兵从北、西进攻流溪，西充、顺庆、广安一路势如破竹，沿途州县尽遭屠虐。

　　元至元十七年（公元 1280 年），车龙之石燕出现裂痕，华园寺再次倒塌，未修。自华园寺倒塌后，流溪县就开始出现一个奇怪的现象：凡继任流溪县令者均难超三五月便死于各种疾病，有些叶落归根埋于故土，有些则选择依山傍流溪之地礼葬。数年下来，已有七八名县令葬于流溪侧，百姓将其墓地称为官坟咀。

　　一枕流溪，青山做伴。这些县令是不幸，但也是幸运的。不幸是因为疾病夺命，幸运是因为魂灵有寄。官坟咀的取名，正是民心追念的一种方式。而古县治所在地留给童年的我最大的想象，正在于贫瘠土地上的繁华寄望与风流润泽。你不难理解，当年那个执枝条为鞭、策水牛为马，以河滩地为疆场的少年，驰骋在水草丰美的想象世界里，怎么可以视传说为现实，把矫情当激情；你也不难理解，当年那个着凉鞋为戏屐、着海魂衫为袍服，以麦垄为舞台咿呀唱戏的少年，举步腾挪在才子佳人的剧情里，怎么可以一人连台、万人喝彩。是传说赋予了他勇气，还是想象赐予了他力量，或者，是那些早已被荡平了的官人坟头迷人的石纹，启迪了他的智慧？

或许晚一辈而同样沉迷于车龙历史、掌故考索的文东能做出解答。不知道他的童年里，有没有和我一样的梦想；或是一次夏日里在龙滩河的深潜，突然发现古城遗落的一砖一瓦；或是水牛放肆的一次偷食，会在地里扯出一件官人的杯盏；即便是盗墓贼频繁光顾导致已经倾颓的古墓里一次寻常的深入，也可能意外发现一个显赫的家族。

然而，我还是在23岁那年，走出了车龙，也走出了关于官坟咀的传奇，落身在繁华的大城市里。半生经历里，城市乡村平均分配。在临界线刚好划出的时刻，我又开始思念那个曾经无限贫苦但又无限丰饶的童年，一大部分的原因，是围绕官坟咀的传说接力，开始出现了意料之外、情理之中的断代。未成年但是在崭新的县城里长人的"00后"们，是不屑于在这片贫瘠的土地上想象的。他们想象的方向，在更繁华的城市和更诗意的远方。

我不能拖他们的后腿，还有，历史的后腿。我只有啃历史的前脚，历史的前脚充满乡愁。乡愁的聚焦点，便是官坟咀。

缺乏想象力成了我写作的致命弱项，这让我无法写出类似《盗墓笔记》这样奇幻瑰丽的小说来。好在情怀还在，情怀是我的以梦为马，它让我驾牛为马，重返官坟咀，思考这一地与数位官员之间，到底有着怎样的牵连。

南宋理学家、蜀学集大成者魏了翁在他的应酬文字《果州流溪县令通直郎致仕宋君墓志铭》里，留下了一个好官的历史线索。在这篇墓志铭里，这位出生于彭山、就学于蒲江的宋蕴宋先生，曾在果州流溪县当过县令。铭文赞其"以庸代役"、"发廪救荒"等政绩，虽不免有谀墓的成分，但究属实情，其临终之诫子，更见清廉好官本色："吾自幼立学不妄语，不欺暗，教人子如己子，理官事如家事。虽忧患困踬，然所为无不可语人者，一夕之枕晏如也。"教人子如己子，理官事如家事，即此两端，其为官为人即见一斑。

惜乎宋蕴并没有葬在官坟咀，按照墓志铭的记载，宋蕴的两个儿子宋少章、宋秉国将父亲葬在彭山县鼎鼻乡安东里。魏了翁赞扬他："一心存存，万善攸集，岂惟子孙赖之，使国人弟子咸有所矜式。"这个评价是很高的。

历史再往前推，一个比宋蕴还优秀的流溪县令早就已经示范在前了。他叫嵇适，大约在公元 1000 年前后，从石首主薄调流溪

今日官坟咀

县令，时年48岁。在来流溪县前，嵇适在石首就很有政声，"尝按部民父子坐重辟者，使父抵法而子免，人称其仁"。嵇适仕途蹇促，然"不为虚言奇行以邀声名，委蛇乎州县之职而优为之"，"其与人交不逆诈不苟防，终身无与嫌怨者"。安于下位，终卒于官舍，比起那些不安于位、成天想着怎么往上攀爬的官员来，嵇适的为官之道确实有些另类。有这样的孤心素志，也难怪他能教育出优秀的子弟，他的幼子嵇颖后为兵部员外郎，是参知政事张方平的舅舅。可惜命薄，嵇颖刚被召为翰林学士，还没来得及谢恩就死了。

嵇适死于合肥任所，按情理推断，也不会葬在官坟咀。由我考证的流溪县663年的建置存在史来分析，按照五年一轮换的概率，经历唐、五代、北宋、南宋和元五个历史时期，车马往来流溪县的县令起码不少于一百位，其中，相当一部分县令不幸因病死亡而最后葬在了这里。历史风烟吹过，他们没能留下名字，但却留下了一个让人着迷的地方传奇。

更有传奇性的是，嘉陵区大同乡也有一个同样名为官坟咀的古村落，这个古村落距离今天似已认定的古流溪县治所在地——嘉陵区金凤镇仅数里之遥。两个相同的地名，可能印证了我的一种猜想，即古流溪县在600多年的建置存在史中，曾至少有一次县治所在地的迁移，即先在金凤，再迁车龙；或先在车龙，再迁金凤。

我无意于县治所在地之争，只是无限同慨于文东的叹息：或许一个历史上存在过的小县城在历史的研究中不必太费神，于是定义武断，结论飘忽，全然忽略了一个地域人的情怀。现代志断定的结论，需要从历史的前脚里寻找佐证，推翻的可能性其实已经微乎其微。

此刻，我还是免不了问自己：我的情怀是什么呢？是对时代镜像下，宋蕴与嵇适一样好官的期待？还是重返乡村，安慰临界的乡愁？

蒸腾而起的暑热，让我迷茫得想不出答案。下山的路，似乎在一瞬间被长满了的野草封堵了，何处突围，成为突然逼近的一个现实难题。

秋天诗话

立冬已经九天了，成都还是一片晚秋的景象。

芙蓉还开着，虽说是尾声，但继续保持着国色天香的样子，在社区一处景观里高高簇聚，凛然不可侵犯。

院子里那棵银杏，开始变戏法一样，一天天从微黄到淡黄再到深黄，然后一片片无声委地，覆在残谢的菊花上，漂在石缸的水面上，藏在花盆的矮丛中。小雪到来前后，它们将有一次绝美的坠下接力，在某一天达到高潮。因地方局促，它们无法独自成为一个阔大的景色。我每天看着它，像理发师对一个发丝茂盛的人推着光头，先是一点，再是一片，最后，推得空荡荡。

而深山里那些百寿以上的银杏，此时该是裸裎了身子，过上了冷寂的冬天。在众人排着队的见证下，向这一季秋天做最隆重的告别。

于是，才明白，这么爽然富有的秋天真的是结束了。

《礼记·月令》记："立秋之日，天子亲率三公、九卿、诸侯、大夫以迎秋于西郊。"可以想象，这个迎秋的仪式是盛大而隆重的，不过，中国礼仪传统里向来重视迎来送往，既有"迎秋"，却不见"送秋"，可见礼仪官行事的虎头蛇尾。

我最早的送秋，是在20多年前的老县城车站。说送别，其实是和初恋的分手，千般不舍。一个在车窗内看着另一个在车窗外的人，哭成了一个泪人儿。长途车动了，不仅是目送，还连着脚追。饱尝了初恋的甜蜜，苦涩便随之而来。我那时候哪里知道，那样的情景，其实是季节在兴妖作怪。

那作怪的元凶，似秋风，似秋雨，却更可能是秋风、秋雨、秋叶的联合布局。

那天，也是秋天，下着绵绵的秋雨。送别的那个女孩，名字里，正有一个"秋"字。

秋之风

破了杜甫茅屋的秋风，是告别秋天最早的信使。

诗人的熟句里，劈头就申讨这怒号的秋风，卷起了他屋上的重重茅草。它是暴烈无常的夏天蓄养的残兵，逞过威风后，终于弱了势头，在尾声里变得沉静而温柔。

境遇和心绪不好的杜甫，因为秋风破了他的茅屋，不免对秋风生了偏见。如果他有一所安适的房子，他大可以换一种心境，在庭院里吹着脉脉秋风，看一卷闲书，做一枕秋梦。

"秋风嫩，桂花初著。"周邦彦的秋风，有着撩人的青春，粉嫩的样子，合着桂花香，是秋天里最逸致的享受。把桂花错到任何一个季节，大约都是不完美的，它只能和秋风是绝配。春风太绵软，是少妇的软玉温香；夏风却又暴烈无常，是一个摸不着脾性的悍妇，不知道怎么让自己舒服，也让别人舒服；冬风呢，太过冷酷，是经历了风霜的老妇人，端着一脸的无情，满世界要找补。所以周邦彦这"嫩"字，真是贴切。它过来，或者过去，都像一个稚童的小手，在你肌肤上挠痒痒。

秋风放愁，便有了"愁是心上秋"。其实跟秋风何干，愁的都是人的心事。张元幹说："怅秋风、连营画角。"是画角配合了惆怅。魏了翁叹息："抱孤衷，脉脉倚秋风。"秋风怎么靠得住呢，倒是一腔心事无形无体，可以依靠。纳兰说："何事秋风悲画扇。"哪里是悲画扇呢，分明悲的是不古的人心。这怅，这孤衷，都是愁，也都是悲。那是诗人们一息相通的情绪，几千年没有变过。

是无形，却也有形。你分明能看到秋风的形状，一园圃，一床榻，一书卷。更在一席间，一竹间，一帘间。姜夔说："今但借，秋风一榻。"够了够了，一榻秋风销好梦，没有比这更有品次的享受了。人们只道春风金贵，却不知秋风也是一季黄金，满世界都是淘金的人。它似乎不肯均匀地给每一个人，所以陆叡会有"觉秋风、未曾吹著"的错觉。其实也不是错觉，实在是他太过贪恋，像一个本已得了平均分来吃食的孩子，囫囵吃过后，伸手向大人再要，你怪不得他的贪，只想说：这秋风，可不要太好。

还是太白豪爽："秋风吹不尽，总是玉关情。"大约多情的人，总有享不完的秋风。陆叡的错觉，或因于他闭塞了自己的情感吧。

秋之水

庄子像一个世外高人，用一篇《秋水》来告诉世人那么宏大辩证的哲理。

"秋水时至，百川灌河。径流之大，两涘渚崖之间，不辨牛马。"这样的秋水，其实更像夏天的洪水。但是河伯"天下之美为尽在已"的自以为是，其实很符合我对秋水的审美观，他和海若的那一番辩论，无改于一个基本事实，那就是秋水之美。

起码它沉淀了泥沙，脱却了燥气，变得澄澈明亮起来。韦庄说：眼如秋水鬓如云，是拿它比喻美人的明眸了；白居易说：双眸剪秋水，也是喻的美人；崔珏说：明眸渐开横秋水，说的还是美人，不是庄子笔下的秋水。秋水为作眼中波，杨维桢这句说得最直白，明眸善睐的美人形象呼之欲出。所以，"秋水伊人"才要筋骨相连，从先秦到今天，一幅不变的绝美画面。

更多的时候，秋水说的是相思和送别。李商隐写"巴山夜雨涨秋池"，一滴一滴，聚在池中，是一夜不眠的思念，秋雨焉知不是思念的泪水；"离愁秋水远，醉眼晓帆开"，这样的句子，还是张元幹写得出来；朱庆余送朋友，写"野亭枫叶暗，秋水藕花明"，拿亭子、枫叶、秋水和藕花作为送别的见证；白居易想念兄弟白行简，写"碍日暮山青簇簇，漫天秋水白茫茫"，有些爱恨交集的情绪，想来，这爱的秋水，是曾经它载了行简来，这恨的秋水，怎么就成了相思的阻隔？所以，连姜夔也不免要叹恨：故人隔秋水。

无论是李商隐，还是白居易，或者是姜夔，他们情感相通的地方，正是"望穿秋水"的真挚爱恨。这送别和相思的深沉厚重，应该只有秋水能够承载得了。当冬天来临，秋水封冻，诗人的爱恨无托，秋水变成空山，于是，多少哲思便隐藏在了其中。

到底，秋水还是秋天里最动人的一景。写实的诗人和画家，是不肯放开这个主角的。当然，他们的表达，一贯是正写，而不必抽象，或者意识流。无论是"洞庭秋水远连天"，还是"南湖秋水夜无烟"，或者"空披秋水映斜晖"，都是对秋水的写实，雁或者鹭，都是秋水的陪衬，中国诗与中国画里，这样的秋水写实，充满了无尽的禅意和天道玄机。

秋之荷

留得残荷听雨声，大约这也是伤秋的一种。

有些病态的审美，也是别秋的庄重一幕。

记得早春来时，看着一池空潭，四围闲坐，都是盼着春深的人。我亦和他们一样，期待它的热烈、喧闹、蓬勃和野性。出水青叶，盈盈数盏，浅浅清丽，让人想望荼蘼；倏忽已然秋令，想望终是成为想望了。那一季的热烈、喧闹、蓬勃和野性，似乎没存在过一样。

但是我知道，它们是来过的。年年如此，不曾负约。

陆游说："闲听荷雨，一洗衣尘。"

想必他是极圆满地听过盛夏雨打荷花的声音的，即便湿了衣冠。这正应了东坡的那句话："江山风物，本无常主，但是闲人，即是主人。"

忙碌的人，都是伺候这世界的仆人，哪里当得了主人。于是，这一季的繁盛，就只能让闲人看尽。

只是，这雨荷，让谁听了去，画了去，摄了去，爱了去，或者，厌了去呢？

李白说："秋花冒绿水，密叶罗青烟。秀色粉绝世，馨香谁为传？"

见过你的秀色，就不要再贪闻你的馨香了罢？

可能是在某个夜里，你托风，捎来了这样的气息，弥补我不亲秀色的亏欠。梦中，这气息偏是赋了形体，依稀美人，顾盼婉转，相思错会。

那些晨光暮影、风雨雷电、骄阳冷月中，交颈喁喁的情侣们，轻巧奔过的行者们……告诉我，它们都美到哪儿去了？

在你们的情话中、辞章里、韵律下？

曾经探花也照影，明年知是有谁来？匆匆的，岂止是开了又谢了的荷花，亦有人事。

其实，这人世间的事，哪一件不匆匆？

李商隐说："秋阴不散霜飞晚，留得枯荷听雨声。"

这是匆匆之下的一种自我安慰，或者寄托。

他和李白，像是两个不同的我，一个我对另一个我宽解和诱导。倒是陆游，得了自在，莫论荣枯，管它悲喜，得了自在，便是自然无尽的恩赏。

东坡呢，太高了，常人哪里攀得上去。我只是来做一个如常的告别，并不奢望做那恒常的主人。

意绪里，恰是李商隐合了我，他其实说的是尤奈的辜负。

即便深情似我，也不免辜负如常。

即便绚美似你，也不免色叶分殊。

如常便是无常，无常不过如常。在如常和无常之间，即便是一生，又如何呢？

你开过，我来过。

我来看你开时，你亦当看过我。

我的手眼和心意，通在池里、通在根须、通在茎叶、通在花蕊，如同你寄身的池、赖命的根、传养的茎、放色的花，通在我的眼前、笔下、句中。这是我和你之间，短暂却恒常的款曲。深沉内蕴的你，告诉我，通了吗？

秋之叶

我从未如此细心地端详一片树叶。

它静静躺在暮色初起的小巷子里，风和过往行人的脚步，偶然会带着它在地面飘移，没有主宰，不知去向。甚至，不知道它怎么被揉踩成粉碎，最后化成灰，落入尘土，再不会有新的生命，从树叶里生长出来。

我突然生起一种怜悯，把它从地上捡拾起来，透过微光，看它苍老的样子，就像看我的未来。

它是一片梧桐叶，在我的生命里无关痛痒地开落了四十多年，托生的母体看不出准确的年岁，我知道我活不过它们当中的大多数，它们始终是挺拔的样子，也从不会有一纸清晰的生长记录。我只能从这片树叶的颜色和经络里，想象出它们衰老的样子。龙钟，佝偻，咳嗽，或者悠长的喘息。

得承认，树叶是美的，有着中国传统山水画当中险峻而陡峭的外形，中间隆突的险峰，是会心山水的文人最向往的精神高地，左右对称的两座小山峰，环抱而依承，也是一种拱卫。叶片表面的皱皱正是那山水画中灵魂一样的东西。

依稀，夕阳投射在树叶上，瞬间让我透过"碧云天、黄叶地"的字面感觉到了画面的动人。波上寒烟，是翠色的，受了秋叶的感染。词人对秋叶的敏感有着丰润的传感体验，这得益于他上佳的观感表达，这表达让人无限认同，并带给人秋风透汗一般的惬意。即便我身处这样一个难得看到碧云天的阴霾天，我也能凭借这华丽的六个字，想象它给我带来的炫目的错觉。

其实，这个季节里，哪一片落地的叶子，不是美的呢？

想起一句唯美的句子："死如秋叶之静美"，那是对"生如夏花之灿烂"而言的。此刻，不必言死，只言告别。

告别这片秋叶，告别它所代言的斑斓和璀璨，告别它和秋云、秋水、秋风、秋阳共同编织的锦绣，告别我在春天的疏狂放纵和在夏天的六神无主。

我把这片秋叶夹在书页里。只是，这一回，无关爱情。

我只是要感谢它，让我在这一秋，才开始明白了告别的真正意义——和 20 多年前那次车站告别不一样的意义。

桂蕊诗情

　　暮色里，我开着车，像一只没头的苍蝇，向树木浓密的深处瞎转。

　　阡陌纵横、水网密布的川西林盘里，藏着一种安魂息心的神秘力量，它可以瞬间将奔腾燃烧的人类肉体发动机的温度降低三到五度，并消解一切的烦躁不安与举棋不定。

　　尽管已立秋九日，成都却达到一夏酷热之极致。天地不仁，以万物为刍狗。民间俗语里的"秋后算账"，没想到在气候学里落到了实处，于此也见出了人在天地间的渺小与孱弱。

　　并不算宽的绿道蜿蜒伸展。大片大片的桂花树轻盈迎接，又轻盈退后。沿着绿道，往桂花林的深处走。我期待湖面、期待大树、期待绿地，来纾解我被酷热折磨久了的心境。

　　早就知道这片土地被悦榕庄成都项目围合，车拐进来时，还是被这个奢侈酒店的选址倾服了。晋人误入桃源，乃见不一样的天地。此番进入桂花林深处，也有豁然开朗的感觉。好在还有天幕里出挑的青城山影做背景，知道大体的方位。

熄火，下车。我绕着悦榕庄成都项目的围栏走，想象着它将来打开的样子：一个院子，一个样子，是设计师的样子，也是行者的样子，来一个行者，就变一个面目，常看常新的感觉。桂花年年开，香气年年馥郁，不需要导航，闻着香味，就能找到属于自己的那一个小院子。

去过桂林和杭州的悦榕庄，感觉这个奢侈酒店的所有项目都非常好地把握了城乡的边界感。现在再来看成都悦榕庄的选址，却不仅是城乡，还有自然和人文景观的楔入。对于一个奢侈酒店，悦榕庄是一个侵入者；但对于一个乡村，一个奢侈酒店却是一个极好的扬名机会。这是好呢，还是不好？我解答不了。乡村的样子，几千年来都是逆来顺受，任人装扮。喜欢的说好，不喜欢的说不好；好的沉浸，不好的疏离。尘世行走，早该习惯这样的代入。

想象的院子退后，真实的院子在小路尽头呈现，生发出别样的气息。说它别样，是因为它在形态上不是孤立，而是连片；在风格上不是混杂，而是统一；在气性上不是从俗，而是立幽。怎么说呢，像是你看惯了浓妆艳抹，突然觉得荆钗布裙原来会如此赏心悦目。

院子有院子的厚重，它的厚重冲抵了酷热的厚重，让人安顿而静默。隐隐有水声，虽不是流泉，但能感觉得出它自己打开的灵动与活泼，它的打开是引出人的打开、物象的打开。它和院子合力，在默默消解这天气、这时令给人带来的不快乐。

我循着水声，经过照壁，穿过曲桥，来到院子的中央，那一方开敞的田园里，种着这个季节的瓜果蔬菜。纱幔围成的亭子里，一张小桌，正是秋凉后抚琴听泉的好所在。院子主人真是深谙古典风调的妙处，将内心期待和自然山水进行了很好的结合。我走向亭子，以抚琴者的姿态，注视那片田田的荷塘，心里升腾起因为身心安顿而带来的沁凉之意。

我想象秋天的荷塘。收了水，旺了草，长亭连着短亭，暗淡灯光里，秋虫唧唧。浅坡上，连片的民宿楼台和飞檐影影绰绰，穿着荆钗布裙的女子走出来，自己在秋光下站成一道风景。我想象着明年夏天，站在亭台上看一池莲叶的样子。其实这时节里，一池莲叶虽已过盛时，但那意境还在。我该当是诗人，我该当是画家，我该当是情人，我该当是失落的异乡人，我该当是醉鬼，我该当是春夜里声声嘶叫的小野猫。我知道莲的心事，我向莲倾吐我的心事。掏一片湖，上种红菱下种藕，苗圃斗鸡，花丛走狗。主人很坏，她明白莲的心事，狗的心事，特别是，人的心事。

老实说，我是贪恋这贴近性灵的建筑的，因它在桂花林的围合里，更因它和自然山水的融合。院子主人告诉我，院子主体是在晚清遗留下来的一个老宅的主体上改造而来的。有了岁月，便见芳华。虽然不与新成的建筑争风吃醋，但到底凭着日月洗练争得了自己的一席之地，更何况，如今越来越多人喜欢这样的老建筑，说起来，都无非是贪恋这建筑里隐伏着的那些陈年岁月里的故事。

这些故事，哪怕一鳞半爪，哪怕丝丝缕缕，说起来的都是传奇，听过后也是感叹。就像几射之外的陈家桅杆，那是一个更宏大的故事。

但我更喜欢这建筑血液里软玉温香一般的细节铺陈。我从肩擦而过的男客女客们贪婪的眼神和表情里，看到了这用心在点点滴滴中分分秒秒地俘获。这用心要是用在男女感情上，倒是可以攻城略地、一破千城的。用料、布局、器物、花卉、书画，无一点、无一处，不透着院子主人的小巧用心，不能说是讨好，而是感觉理所应当，仿佛事先和你商量过一样，说是心有灵犀却过了，总之不由得赞一声：真好。

三五个吃茶和就餐的空间，个个有性格。虽是举步即至，物理隔离得却极好，因着彼此气性并不融合。一个厨娘，一个侍女，倒是在这个院子里相互安生。或宽绰，或从容，或舒坦，放下肉身的俗累，短暂地灵性升华，每一间，都给足了想象的空间。盛筵结束，正该一杯醒酒的薄荷凉茶，说是场景转换，还是心绪转换。见多了移步换景，这样的移步换心情，才见出院子的妙处。

隔着肚皮，我不知道主人的心事。这些或吃饭，或饮茶，或喝咖啡，或发呆，或沉思，或昏睡的空间，跟我有什么关系呢？我只要一间房，安顿好我难醒的宿醉；我只要一杯咖啡，和莲安静地谈一下午心事；我只要一本书，走神地读几段别人的故事。或许还应该有一个画廊。在某次展览开幕结束后，转角遇到以前的恋人，错身之后，懊恼没能问一声她：阿好？

这个院子不该有这么多故事的。主人一定是一个有很多故事的人，她的故事藏不住、收不了，才会溢出来，所以才在这院子里密密匝匝地藏了这么多故事。我们都是这些故事里曾经和将来的主演。

主人走心，这是她一个多月前打开这个院子最笃定的底气。她先走心，所以才有了我现在的走心。能够走心的建筑，能够走心的空间，还有那么多走心的故事，这是院子的底气，其余商业手段，不过余事耳。

我有些后悔没带她来。

我更后悔没带他们来。一席茶，一场文事，一次雅集，正该在这样的处所。我偶然地闯入，却长久地耽溺。像一次一见钟情的单相思，说是一眼，却是一生。

告诉我，这个院子该叫什么名字呢？

出得门来，我才看到勒在门墙上的名字：九坊·宿墅。不大不小，安静隐在芦苇丛里，不事声色，却释放出一种无限大雅的气质。这名字里，果然和古城的里坊有关系，和诗人的宿醉有关系，和隐在林盘的桂花一样，坊是美好的，宿醉是不好的。坊的隐伏是含蓄内敛，宿醉却是放达。诗人的宿醉和袒胸露乳有关，但他不必担心被揪出游街。他还极可能被模仿和崇拜，像我们崇拜东坡先生一样，它意味着一场宿醉醒来，一首豪放飘逸的辞章就要诞生了。

桂魂淡去，芙蓉花开。莫非这是花蕊夫人出嫁前再三留恋的灵魂驻地？花蕊夫人一定是喜欢桂花的，或者后蜀主孟昶更喜欢芙蓉，所以她便依了他。灵魂都给予了，一个小小的爱好，怎么不好割舍？芙蓉遍种之下，桂花早已经完成了自己的温柔生长。

五代十国的爱情故事，未料书写在今天，书写在这个院子里。我不禁想起她在一千多年前的盛大出嫁：花蕊夫人若是从古青城县（今天的都江堰市东南石羊镇古城村）上游泛舟，不过一盏茶的时间，她就能看到这个院子，看到围绕着这个院子的桂花树林。密密实实，像是迎接，也像是送别。

此刻，金马河，岷江村。孟昶派来的使臣又来催了：迎亲队伍已到岷江村东头，夫人何时动身？丫头训斥着：莫催，莫催，夫人的妆还没上完呢！使臣退下，给迎亲的车马队传话：莫催，莫催，夫人的妆还没上完呢！

其实夫人的妆早都上好，且上好之后，就从未败残。她的流连，不过是借补妆这个托词，多些和桂蕊香魂相处的时刻，她一定还在寻思着找一颗香树的种子，带到蜀王城里。芙蓉如面柳如眉，桂蕊呢，当是她的精魂所系。

不禁想起多年前写的两句诗："情好莫相催，由它琴瑟调。"等待新娘的情郎，哪里能懂得佳人此刻的心情呢！在迎娶花蕊夫人之前，孟昶先生的心猿意马，还是该为桂花的香氛稍稍安顿一些吧。

就像此刻，我的燥热难安，被桂花的香氛安顿得妥妥帖帖一样。

千古诗情

秋风起，黄叶落。再到岷江村，已是桂蕊飘香的时节。

我约上了她和他们：善写典雅小品的王飞兄、一生钟爱东坡的作家张国文、画家杜霖伉俪、设计师王荀伉俪。一场以赏桂为主题的雅集就此开启。

王飞兄抛出话题：既是说桂花，君等可知桂花首次出现在哪篇诗文中？

"屈大夫在《楚辞》中排出如许香草，岂能没有桂树，想来当是从《楚辞》中首出。"杜霖接过话头。

"君不闻：桂树列兮纷敷，吐紫华兮布条？然则《楚辞·九思》中的桂树，显然不是桂花的首秀。"张国文兄慢悠悠接过话头，震惊全场。王飞兄讶异：张兄记忆何如此之好？

"不然不然，来之前，早做了一番功课，这一句尚能记得。"张国文饮过一杯桂花红茶，继续做夫子躺，淡若流云，宠辱不惊。

杜霖夫人从茶桌旁的书架上取下一本书闲翻，忽然拍案惊奇：巧了，这书中的数据，想必你们很愿意听一听？

众人皆注目于她手掌，她便也配合地展示封面：《草木缘情：中国古典文学中的植物世界》，一面朗声念道：桂出现在先秦汉魏晋南北朝诗中一共 256 次，高于桑、桃、桐、藻；而在全唐诗里，桂以 1224 次出现率，居第七，高于兰、梅、菊；全宋词里，桂继续保持第七的位置，以 728 次的出现率，高于兰、松、杏。这说明什么？一个时代有一个时代的爱尚，但桂花之爱，却从未跌出前十。

"有花蕊夫人的加持，它必须是前十啊！"王苟兄插话道。

"这倒不尽然。一个偏安王朝的妃子，影响不了知赏的大局，诗人的功劳一定超出妃子的功劳。曹植说：'扬朱华而翠叶，流芳步天涯。'亲民性，从来都是花与植物被人喜欢的根本。"王飞兄说，他看过很多明清文人写桂的小品，曹植的这句话，真是说到了他心上。

"桂被长期知赏，和它的植物特性也相关。"张国文接过话头，"记得南朝诗人范云诗中有一句'不识风霜苦，安知零落期'，李白也说'安知南山桂，绿叶垂芳根'，说的都是它非同寻常的植物特性。另外，它和神话传说中的月宫搭上关系，也让它比其他植物多了无数出镜机会。"

"张兄说到的此点极为重要。连杜甫这么悲情苦吟的诗人，都不乏借桂花抒发他的浪漫情感，你看，他要'斫却月中桂'，只为'清光应更多'。植物对诗人心情的影响真的很大啊。"我接过话头，索性将他一军，"张兄既是东坡爱家，功课又做得好，可否吟两句坡翁写桂花的诗?"

"这个你倒考不着我。你们听:'月缺霜浓细蕊干，此花原属桂堂仙。'诸位不要忘了，桂花也是杭州的市花，东坡当过杭州市长呢。这首《八月十七日天竺山送桂花分赠元素》，就是他写给上司、时任杭州知府杨元素的，你们看，即便是送礼，东坡送得多雅致。"

"又是折柳，又是折桂，古人活得真有意思。"一直安静侍茶的王荀夫人羡慕道。

"这还是屈大夫'香草美人'的思想路径。倒是杨万里，写出了桂花的理趣:'看去看来能几大，如何着得许多香。'此中道理，人人都知道，但却只有他写出来了，也是了不得。"王飞补充道。

"要说理趣，朱夫子的《咏岩桂》也不让杨万里。'亭亭岩下桂，岁晚独芬芳'，后两句是什么，哪个记得?"张国文问。

"哈哈，也有你记不得的句子了。"杜霖接过，吟道，"叶密千层绿，花开万点黄。"

杜霖吟毕，张国文已从夫子躺换了个姿势，拱手弯身，以作答谢。

茶过九道水，显是极淡的色了，但桂花的香氛底子还在。不知是茶里本有的，还是周遭桂花林融入茶汤里的。侍茶人征得大家意见，换了新茶桂花乌龙，自然还是浓浓的桂花元素。

茶汤未上，杜霖夫人忽然又有了新发现，她提问:"重要章回小说出现最多的十种植物统计表中，桂在哪部小说里出现得最多？"

"只能是《红楼梦》吧。"我看过多遍《红楼梦》，脱口道。

"厉害。《儒林外史》《金瓶梅》《水浒传》《西游记》皆不及《红楼梦》提及桂花多，达22次，神奇地列前十中的第七，以后我们是否可以叫桂花为'七桂'？"杜霖夫人翻出书中列出的数据，一一念出了桂花在这些小说中的提及数字。

"七桂之称不错！"杜霖夫人话音未落，张国文便拍案叫绝。"'八桂'指代广西及桂林，'七桂'则统代桂花及桂树，'七比'八'高级，这是今天雅集最大的成就啊。"随后，张国文望向我："你既然看过多次《红楼梦》，可否给我们讲讲《红楼梦》中写到桂花的细节？"

"你这是借机报复啊。"沉默有顷，我说，"凭记忆，想到哪说到哪，大家也可以补充。"众人道："好好好，且先开个头。"

"第五回袭人的判词有桂花：枉自温柔和顺，空云似桂如兰；香菱的判词边画着一枝桂花，显然是指她不幸遇到夏金桂，不过也有人考证说，这是香菱给宝玉留的遗腹子，叫贾桂。"

"香菱和宝玉？这也太扯了吧。"众人惊奇道，连一直默然饮茶的她也不禁大感惊奇地看向我。张国文更是摇头："红学这么研究下去，怕是要乱套了。"

"这个说来话长，今天就不展开了。不过红学家的考证，也并非凭空捏造，也有一些道理。"我继续补充道，"第三十七回，有宝玉折桂送贾母的细节，桂谐音贵，想来老祖宗是喜欢富贵吉祥之类的花卉植物的。可惜文字我记不得了，哪个找来读读，也很有意思。"

杜霖夫人手快，很快在网上找来，于是朗声读给大家：

"秋纹笑道：'提起瓶来，我又想起笑话。我们宝二爷说声孝心一动，也孝敬到二十分。因那日见园里桂花，折了两枝，原是自己要插瓶的，忽然想起来说，这是自己园里的才开的新鲜花，不敢自己先顽，巴巴的把那一对瓶拿下来，亲自灌水插好了，叫个人拿着，亲自送一瓶进老太太，又进一瓶与太太。谁知他孝心一动，连跟的人都得了福了。'"

众人鼓掌称妙。王飞补充说："曹雪芹写作《红楼梦》，一定程度上也受到明清散文小品的影响，故小说中写到中秋赏桂，也是明清两朝大户人家赏桂风尚的真实写照。"

"大家说诗说文多，我刚才发现李清照还有一阕《鹧鸪天》的词写桂花，也不错，我给大家念念。"跳出《红楼梦》的赏桂场景，杜霖夫人深情地朗诵起了李清照的词，"暗淡轻黄体性柔，情疏迹远只香留。何须浅碧深红色，自是花中第一流。梅定妒，菊应羞，诗书问处冠中秋。骚人可煞无情思，何事当年不见收。"

杜霖说："花中第一流，这何尝不是李清照的自况。可惜唐宋之后，写桂的诗词再难得有这样的风流气度了。"

"不然不然。"张国文摇头道，"君等难道忘了毛主席的《蝶恋花》中的这两句：'问讯吴刚何所有，吴刚捧出桂花酒。'王孙公子，伟大领袖，千古诗情，从未改变。今天赏桂吟诗，岂能没有桂花酒。老板，可有桂花酒？"

是夜，慢饮到月出东山。杜霖搀扶着张国文走出九坊，皎洁的月光下，"宿墅"两字异常醒目。想来，这一夜，张国文必有一场美妙的宿醉。

很多年之后，当我们想起那一次雅集，或许座中的她都已面目模糊，独独是博闻强记的张国文，他的主动索酒，他的猛灌嗨喝，他的豪纵，成了一个永远解不开的谜：

公元2019年桂花时节的那一场宿醉，究竟是感于诗，还是寄于情？

或许，只有去问问岷江村的桂花了。

"北钱南王"：跨越半个世纪的思想契合

王元化在近一百年间中国思想史上的地位，因为他的三次反思而得以确立。其中，20世纪90年代他的第三次反思，在他的三次反思中是最为重要的。不仅学界如此评价，王元化自己在暮年谈话录里也如此承认。

发表谈话的时间，是2007年7月19日，距离他去世不足一年。此时，在上海瑞金医院里和晚期肺癌作斗争的王元化知道自己时日无多，因此，这次对自己第三次反思的再一次总结和回顾，有一种"盖棺论定"的悲壮意味。

关于第三次反思的真正意蕴和对当代社会的启发，学生吴琦幸阐述得较为深刻：其核心并非探讨五四精神中的激进主义，真正的反思是尚未完成的有关认识论的基本观点，即重在对于启蒙思想的反思，对于人的认识论的反思。

王元化认为，启蒙运动使人类脱离了中世纪，人类由此觉醒，开始相信人的力量，认为人能够做到一切。张汝伦引苏格拉底那句"我知我所不知"来说明人的局限性，和孔子"知之为知之，不知为不知，是知也"是相同的命题。惜乎开放时代很多人缺乏这种认识，即承认作为人认识世界、认识自然的局限性。

王元化的反思，让我想起钱锺书先生在《谈艺录》中谈到人类和自然的关系问题，他说："学与艺者，人事之法天，人定之胜天，人心之通天者也。"这其中包含着三个层次：模仿自然、润饰自然和融入自然。没有启蒙运动以前，人事法天，尊重自然；启蒙思想以后，认为人定胜天，于是目空一切，无所不能。王元化的第三次反思，即在这个层次。

钱锺书先生所谈人和自然的关系问题，尽管其出发点是针对道术学艺，但在人类认识世界、认识自然上和王元化的反思是微妙相通的，两者并无抵牾之处，起码在这点上，"北钱南干"的称呼是非常符合的。钱锺书先生的"人心之通天者也"，我认为是对王元化的反思很好的回答。

如果我们再注意到钱锺书提出"法天、胜天、通天"三个层次的时间段的话，便不难发现：通过其对道术学艺的阐述，并不以思想见长的钱锺书，用这三句话给予了人们在思想认识上积极的启蒙。略微惋惜的是，《谈艺录》出版于20世纪40年代，因"痛诋"《围城》而与钱锺书发生论争的王元化，此时可能并没有注意到《谈艺录》中的这个重要观点。

时隔半个世纪之后，王元化不仅修正了自己对文艺批评的激进思想，承认"文艺是可以有多样性的"，还带着怀疑的眼光思考整个世界和人生的终极关怀，其中，"对消费主义欲念无穷膨胀的势头感到悲观"的情绪，确乎比钱锺书先生的"人心通天"更为具体而深刻，只是，此时的他，已经无力给出任何解决之道了。

从"哪吒"的形象演进史
谈神话改编的边界

　　国产动画电影《哪吒之魔童降世》票房高企，是中国电影业界的一件大事，放大一点看，也可以是中国文化界的一件大事。在它成为暑期档票房冠军之前，可能很少有人会意识到，一个改编自中国古代神话传说的人物故事，会有这么强大的文化号召力。

　　哪吒的故事主要源于元代宗教神话典籍《三教搜神大全》，活跃于明代神魔系列小说名著《西游记》，又尤以《封神演义》最为突出。此外，在《三宝太监西洋记》《太平广记》《三遂平妖传》等古典文献里也有哪吒的不同形象。在《西游记》中，哪吒作为托塔天王李靖的第三子，参与维护天庭秩序，讨伐孙行者，但是大败而归。很显然，为了烘托孙行者的斗争者形象，《西游记》中的哪吒是正统秩序的代表人物，他身上有着天庭仙性的优越感，而缺少魔性。《西游记》中的哪吒，是不太受读者注意的，即便受注意，也并不太受读者喜欢。

在《封神演义》中，哪吒是陈塘关总兵李靖的三儿子，生于商朝末期。母亲怀孕三年，生下一个肉球。李靖以为是妖怪，一剑劈开，生下哪吒。后来太乙真人收他为徒。一次哪吒在东海戏水，和东海龙王的三太子敖丙发生冲突，一怒将其打死。龙王问罪，哪吒割肉还母、剔骨还父，自杀谢罪。后得太乙真人救助复生，帮助姜子牙兴周灭纣。

电影主要情节改编自《封神演义》，但又明显不同于《封神演义》，甚至可以说，高于《封神演义》。创作团队赋予了哪吒这个神话人物很多新的时代精神，并将死敌敖丙变成了哪吒的生死之交，哪吒的师傅太乙真人也一改仙界真神的持重严肃而变得幽默风趣。自有影像历史以来，这可能是最具有颠覆性、也最受观众喜欢的哪吒形象。回顾近一百年的观影史，哪吒的形象演进当然不是固定的，但也并不是那么丰富而多元。无论是1927年顾宝莲版本的《封神榜之哪吒闹海》，还是1974年傅声版的电影《哪吒》，或者是1982年裴艳玲版的《哪吒》，以及1999年陈浩民版的电视剧《封神榜》，哪吒的形象都是相对正统而英俊的。20多个男女版本的哪吒形象，很少有哪一个像六小龄童那样，成为一个神话人物的标志性形象。

即便从动漫、动画制作的形象来看，也很少有哪一个作品制作的哪吒形象如这部电影中的哪吒这么深入人心。据初步统计，迄今为止国内外的动漫游戏中，以哪吒为主要人物的也有20多部，为什么都没能如这部电影中的形象那样引起如此大的争论，或者让观众喜欢呢？这个问题关涉神话传说改编的边界问题。

事实上，神话人物并不见诸正史记录，大多在古典文献中出现，因此，他们的故事更赋予了后来创作者更多的想象空间。电影《哪吒之魔童降世》中的哪吒形象，可能是目前为止我们看到"最丑"和"最坏"的，但他丑得可爱、坏得真实，让人信服而心疼。他的叛逆、他内心里魔性和人性交战的细节和过程，以及"双手插在裤兜里的准无赖"形象设定都是颠覆性的。主创团队以贴近时代、贴近社会、贴近公众、贴近现实困境的改编，为神话的改编树立了一个可靠的标准：越是时代性的，越可以载入史册。

未来还有超越《哪吒之魔童降世》的哪吒形象吗？让我们共同期待。

参考文献

［1］《张栻集》，邓洪波校点，岳麓书社，2017 年版。

［2］《张栻年谱》，王开琸，胡宗楙，［日］高畑常信著；邓洪波辑校，科学出版社，2017 年版。

［3］《张栻师友门人往还书札汇编》，任仁仁，顾宏义编撰，中华书局，2018 年版。

［4］《斯文　张栻、儒学与家国建构》，周景耀主编，光明日报出版社，2016 年版。

［5］《张栻与理学》，蔡方鹿主编，人民出版社，2015 年版。

［6］《南宋史及南宋都城临安研究》，辛薇主编，人民出版社，2013 年版。

［7］《建炎以来系年要录》，李心传编撰，商务印书馆，1936 年版。

［8］《梦梁录》，吴自牧著，浙江人民出版社，1984 年版。

［9］《武林旧事》周密著，浙江人民出版社，1984 年版。